MW00711845

French
Exercises

HARRAP'S

French Exercises

HARRAP

Distributed in the United States by

MACMILLAN
U.S.A.

Published in Great Britain 1994
by Chambers Harrap Publishers Ltd
43-45 Annandale Street, Edinburgh EH7 4AZ, UK

ISBN 0 245 60466 9 (UK)
ISBN 0 671 86872 1 (USA)

Typeset by Roger King Graphic Studios
Printed in Great Britain by Clays Ltd, St Ives plc

Preface

French Tests has been conceived to help you assess your knowledge of the essential grammar points of the French language. It comprises twelve comprehensive chapters, each dealing with a particular aspect of grammar. The exercises within each chapter have been designed to consolidate and extend your understanding of French grammar.

The book is addressed to anyone who has a good basic knowledge of French. It will, therefore, be useful to GCSE students, as well as pupils in college who want to assess and develop their French, and to all adults who wish to find out their weaknesses and improve their knowledge without attending a class.

Every chapter focuses on a precise point of French grammar and within the chapter the exercises take you gradually through various levels of grammatical difficulty. Every exercise has a key (these are given at the end of the book). After every test, a score is given, which allows you to assess your level.

We have tried to vary the types of exercises and the themes used, and we hope that this will make your study both enjoyable and stimulating. The vocabulary used in the book is based on contemporary written and spoken French.

How to use the book - Assessment

French Tests can be used either as a continuous study aid or referred to for a specific grammar point. Bearing in mind that latter possibility, we have included an alphabetical index which mentions grammatical terms, key-words and English or French elements dealt with in the book.

The obtained score for each test enables you to assess your level accurately. Do not worry if you do not obtain a good score the first time. If you have too many difficulties with a test or a chapter and if, despite the keys, some points remain unclear, we advise you to go back to your usual manual (grammar, textbook) and to restart the test or the chapter in question later on.

If your score is:

- between 90 and 100% your knowledge is excellent;
- between 80 and 90% you have a good level;
- between 60 and 80% your level is not bad but we would recommend that you redo the test or the chapter after a while and that you revise the particular points in a grammar;
- under 60%: don't be discouraged, work quietly on the weak points using a grammar and redo the tests several times if necessary

We wish you good luck and hope that you will make good progress with your French and will enjoy working with this book.

Other titles in the same series, to help you with your revision:

FRENCH GRAMMAR
- Comprehensive grammar of modern French
- Lively examples

FRENCH VERBS
- Over 200 French verbs fully conjugated
- Index of 2 400 common verbs
- Notes on verb constructions

FRENCH VOCABULARY
- Ideal revision aid
- Particularly suitable for GCSE
- 6 000 vocabulary items in 65 themes

Contents

Questions

1 Articles

A The Definite Article

a) Insert *le, la* or *les*, as appropriate, in front of the
following:

café	chauffeur	Italie
région	football	docteur
plage	secrétaire	usine
été	chambre	odeur
fin	avion	Afrique
radio	maths	hall
page	cuisine	hôtel
uniforme	magasin	automne
interview	Canada	Europe
géographie	Etats-Unis	histoire
Alpes	homme	hôtesse
fromage	peau	nuit
musée	lumière	pluie
terre	verre	côté
leçon	ange	cœur

Score: ... x 2

b) Complete the following sentences using *au, à la, à l', aux.*

(1) Au printemps, je dois aller ..... Canada en voyage
d'affaires.
(2) Il travaille depuis trois ans ..... usine de voitures.
(3) L'été, nous préférons aller en vacances ..... mer.

(4) Le directeur a emmené les clients ..... restaurant, et ensuite ils iront ..... Opéra.

(5) Quand je vais à Paris, je descends toujours ..... hôtel Bristol.

(6) La société où je travaille se trouve ..... Champs-Elysées.

(7) Je n'ai pas parlé ..... directeur, j'ai parlé ..... secrétaire.

(8) Autrefois, les touristes allaient manger une soupe ..... oignon aux Halles; maintenant, ils vont voir des expositions ..... Centre Pompidou.

(9) J'ai donné votre adresse ..... homme qui a téléphoné hier matin.

(10) Il doit venir nous chercher ..... aéroport ..... heure convenue.

(11) Il a un poste important: c'est le représentant de la France ..... Nations Unies.

(12) Une jeune fille a donné un bouquet ..... héros de la course.

(13) Leurs enfants ont appris l'anglais ..... école bilingue de Genève.

(14) Mon frère travaille depuis cinq ans ..... étranger.

(15) Elle est restée ..... maison du matin ..... soir.

Score: ... x 5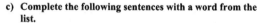

---

c) Complete the following sentences with a word from the list.

du de la de l' des

(1) Paris est la capitale ..... France.

(2) La secrétaire est dans le bureau du directeur, avec le représentant ..... établissements Boussac.

(3) Cette usine est l'une ..... plus importantes ..... région.

(4) L'industrie automobile japonaises est sans doute la plus solide ..... monde.

(5) Le nombre ..... chômeurs a beaucoup augmenté ces
dernières années.

(6) L'unité ..... Europe doit se faire rapidement.

(7) Le sommet ..... états européens doit avoir lieu au début
..... hiver.

(8) Le Président a encore souligné l'importance .....
l'équilibre européen.

(9) On espère une baisse ..... inflation et une augmentation
..... pouvoir d'achat pour la rentrée.

(10) Le personnel ..... aéroports est en grève illimitée.

(11) A la demande ..... habitants ..... île, le stationnement des
voitures a été limité à partir de 6 heures ..... soir.

(12) La connaissance ..... anglais est essentielle de nos jours,
dans tous les pays ..... monde, particulièrement dans le
domaine du marketing, ... affaires et ..... finance.

Score: ... x 5

**d) Practise using the definite article by translating the
following sentences into French.**

(1) English grammar is easier than French grammar.

(2) I don't like jazz. I prefer classical music.

(3) In France, banks are open until 4.30 pm.

(4) I hate ski-ing: last year in the Alps I broke my leg on the
first day of the holidays!

(5) France and Britain don't always agree on Europe.

(6) I love French food and French wine, but French people
drink a lot of coffee, and coffee gives me a headache.

(7) You will recognize him easily: he's got white hair, blue
eyes, and he will have a hat on his head and a
newspaper in his hand.

(8) Poor Jean-Pierre! He always works on Saturdays.
(9) Nowadays, pupils study politics and religion at school.
(10) President Mitterand and Prime Minister Major will go to Holland next month.
(11) They will talk about European unity.
(12) Queen Elizabeth II lives at Buckingham Palace. President Clinton lives in the White House.

Score: ... x 5 ◯

B The Indefinite Article

a) **Practise using the indefinite article by translating the following into French.**

(1) He is a very good doctor
(2) Her father is a teacher, her mother is a secretary.
(3) Gerard Depardieu, a great French actor, was on television yesterday.
(4) He received the news with great courage.
(5) She said surprising things.
(6) What a disaster! There are hundreds of people without a home.
(7) What a mess! There are papers and empty glasses everywhere!
(8) These are remarkable men and women.
(9) I'd like answers to my questions
(10) She would like children, but he prefers dogs.

Score: ... x 10 ◯

C The Partitive Article

a) **Fill in the gaps, choosing between** *le, la, les* **and** *du, de la, des, de l'*.

(1) C'est le week-end: je dois aller chercher .....argent .....
banque.

(2) Dans notre groupe, il y avait ..... Français, ...
Allemands, plusieurs Italiens et surtout ..... Japonais.

(3) ..... eau minérale coûte presque aussi cher que ..... vin.

(4) ..... Français accordent beaucoup d'importance .....
bonne cuisine.

(5) ..... bière belge est une des meilleures du monde.

(6) Les Allemands boivent surtout ..... bière blonde.

(7) ..... argent ne fait pas le bonheur.

(8) Dans certains pays, il vaut mieux ne boire que ..... eau
minérale.

(9) ..... café m'empêche de dormir, alors en général je bois
..... thé.

(10) J'ai besoin ..... renseignements sur la région des Lacs.

(11) Je n'ai pas assez ..... temps pour écrire ..... lettres. J'ai
trop ..... travail.

(12) Je préfère donner ..... coups de téléphone.

Score: ... x 5

b) **Put the following sentences into the negative.**

(1) Elle a de la chance: elle a eu une augmentation de
salaire.

(2) Il a des problèmes dans son travail.

(3) L'école organise des séjours linguistiques.

(4) Elle a toujours du retard.

(5) Nous avons une réservation.

(6) Il y a un avion pour Madrid ce matin.

(7) Les pays européens ont une politique économique commune.

(8) Paris a des espaces verts.

(9) J'ai encore de l'argent: je peux prendre un taxi.

(10) Le gouvernement a trouvé une solution au problème de la pollution industrielle.

Score: ... x 10 ◯

2 Nouns

A Gender

a) **Give the gender of the following nouns.**

boulanger	personne	santé
bonheur	lion	voix
Tamise	école	communisme
faim	musée	écrivain
bonté	rêve	dimanche
charme	grève	pommier
puissance	boisson	professeur
uniforme	gloire	auteur
théorème	lycée	mer
soif		

b)

nation	victime	cuiller
soirée	lumière	cour
terre	monde	eau
tonnerre	loi	médecin
danse	mois	prison
peur	zèle	phénomène
verre	dent	portefeuille
feuille		

Score: ... x 2

B The Formation of the Feminine

a) Give the feminine form of these masculine nouns.

un Français	un chirurgien	un médecin
un cousin	un danseur	un comte
un étudiant	un roi	un vieux
un cuisinier	un Allemand	un dieu
un Italien	un tourtereau	un voisin
un chanteur	un fermier	un pharmacien
un fils	un frère	un acteur
un fou	un cheval	un chien
un héros	un homme	un neveu
un maître	un prisonnier	un directeur
un boulanger	un chat	un duc
un vendeur	un instituteur	un prince
un ami	un jumeau	un coq
un beau-père		

Score: ... x 2

C The Formation of the Plural

a) Give the plural of these singular nouns.

l'Anglais	Mademoiselle	le travail
l'époux	le chou-fleur	la fille
le choix	le luxe	le cadeau
le gouvernement	le thé	le cheval
le professeur	Madame	l'oiseau
le jeu	l'hôtel	l'oeuf
le fils	le prix	le pneu

l'eau	le bijou	le cheveu
le journal	le drame	le trou
Monsieur	le festival	le genou
l'homme	l'apéritif	le radis
le cri	le pays	le fou
l'oeil	l'os	la clef
la fois		

Score: ... x 2 ◯

D Collective Nouns/Nouns Which are Plural in French and Singular in English and Vice Versa

a) Translate the following sentences into French.

(1) The police are looking for a man seen near the scene of the crime.

(2) The family have refused to answer the journalists' questions.

(3) The government are responsible for the high rate of inflation.

(4) The cattle had to be put down because of the disease.

(5) The news is very worrying at the moment.

(6) These trousers do not fit me.

(7) His pyjamas are too small for him.

(8) The furniture is too big for the room.

(9) All luggage was checked at the airport.

(10) Grapes are very expensive in this country.

(11) We always have a good holiday when we go to France.

(12) Chess is a very difficult game.

Score: ... x 5 ◯

3 Adjectives

A Agreement of Adjectives

a) **Make the adjectives in brackets agree with the nouns to which they refer.**

une plaisanterie (amusant)

de (beau) sculptures

mes (nouveau) amies

les voitures (neuf)

des conversations (secret)

de (mauvais) nouvelles

des chaussures (neuf)

une (cruel) maladie

la (dernier) fois

des femmes (heureux)

une voix (doux)

une jeune fille (roux)

mon émission (favori)

de (vieux) maisons

l'histoire (ancien)

de l'eau (frais)

une fille (gentil)

une voiture et un
appartement (neuf)

des apparences (trompeur)

une robe (blanc)

une vie très (actif)

une (meilleur) santé

une attitude (positif)

des accidents (fatal)

des enfants (normal)

une (petit) fille

des hommes (brutal)

une chance (fou)

un (beau) été

un (nouveau) élève

un (vieux) hôtel

une écharpe et un manteau
(vert)

une paix et un bonheur
(complet)

un père et une mère (inquiet)

Score: ... x 2 〇

B Position of Adjectives

a) **Translate the following into French — the French adjective is given in brackets, in the masculine.**

(1) I have bought a beautiful painting. (beau)

(2) I met my former boss yesterday. (ancien)

(3) I went to see a very good film last week. (bon, dernier)

(4) He is a great actor. (grand)

(5) I must write to my dear mother. (cher)

(6) Poor woman! She is very ill. (pauvre)

(7) It is the last day of the holiday. (dernier)

(8) She is the only woman in the group. (seul)

(9) They live in a very expensive house. (cher)

(10) She is a tall and beautiful woman. (grand, beau)

(11) I love old furniture. (ancien)

(12) She has a definite taste for expensive jewellery. (certain, cher)

(13) She is a very lonely woman. (seul)

(14) There are too many poor countries in the world. (pauvre)

(15) Did you see the beautiful old houses in the old district? (beau, ancien, vieux)

(16) He has a very tiring job. (fatigant)

Score: ... x 5

C Comparative of Adjectives

a) Make up sentences to compare data, as in the model sentences provided below.

La France / grand / l'Angleterre.   (plus)
La France est plus grande que l'Angleterre

L'Airbus / rapide / le Concorde   (moins)
L'Airbus est moins rapide que le Concorde

(1) L'Angleterre / peuplée / la France (plus)
(2) Le Mont Blanc / haut / l'Everest (moins)
(3) Londres / grand / Paris (plus)
(4) Le T.G.V. / rapide / les trains anglais (plus)
(5) Le métro londonien / cher / le métro parisien (plus)
(6) Les trains anglais / confortables / les trains français (plus)
(7) Les restaurants français / chers / les restaurants anglais (moins)
(8) La cuisine française / variée / la cuisine anglaise (plus)
(9) Le taux de chômage en France / élevé / le taux de chômage en Grande-Bretagne (plus)
(10) La France / étendue / la Grande-Bretagne (plus)
(11) Paris / pollué / Londres (aussi)
(12) L'histoire anglaise / intéressante / l'histoire de France (aussi)

Score: ... x 5

D Superlative of Adjectives

a) Translate the following into French.

(1) The south west is the hottest region in France.

(2) Football is the most popular sport in Britain.

(3) Dolphins are the most intelligent animals in the world.

(4) He is the most famous acctor in France.

(5) French motorways are the most expensive in Europe.

(6) German cars are the most solid and the fastest.

(7) Unemployment is the most serious problem at the moment.

(8) Traffic and strikes are the worst problems for Parisians.

(9) German grammar is perhaps the most difficult of all.

(10) Chartres cathedral is probably the most beautiful in France.

(11) Some people have not the least desire to learn foreign languages.

(12) The most important thing is to be in good health.

Score: ... x 5

4 Adverbs

a) Make the corresponding adverb from these adjectives.

gentil	lent	violent
absolu	bon	récent
simple	meilleur	bruyant
vrai	bref	savant
pauvre	mauvais	suffisant
sale	gai	aimable
final	nouveau	souple
énorme	précis	libre
prudent	fou	heureux
évident	franc	léger
aveugle	commun	dernier
brillant	doux	cruel

Score: ... x 5

b) Translate the following sentences into French.

(1) There is too much sun: I can't see clearly.
(2) The boss refused point blank to talk to the employees.
(3) Venice smells bad in Summer.
(4) France is near to England, but it costs a lot to fly to Paris.
(5) You must work very hard if you want to speak French fluently.
(6) They were talking, but they stopped short when I came in.
(7) The children don't like him, because he speaks angrily to them.

(8) She didn't seem ill: she spoke very cheerfully on the phone.

(9) She always speaks happily of the past.

(10) I paid a lot for this radio, and it doesn't seem to work!

(11) She wanted to be an opera singer, but unfortunately she sings off key.

(12) The teacher spoke sternly to the children and they listened attentively.

Score: ... x 5 ◯

c) **Position of adverbs: put the adverbs given in brackets in their correct position in the sentence.**

(1) Je n'aime pas les gens qui parlent d'argent. (toujours)

(2) Les Français conduisent en ville. (dangereusement)

(3) Elle parle anglais et italien. (couramment)

(4) Vous êtes allée en France? (déjà)

(5) J'ai voyagé, mais je préfère rester chez moi. (beaucoup, maintenant)

(6) J'ai besoin de prendre des vacances. (vraiment)

(7) Je l'ai rencontrée mais je ne lui ai pas parlé. (souvent, encore)

(8) Elle est là? - Non, elle est partie! (encore, enfin)

(9) Les Français parlent de politique. (toujours, beaucoup)

(10) Nous avons attendu sa lettre. Il nous a écrit. (longtemps, enfin)

Score: ... x 10 ◯

d) Comparative and superlative of adverbs: in each case, make the two sentences given into a single sentence, following the example and using the word in brackets.

J'y vais une fois par an. Avant, j'y allais quatre fois par an. (souvent)
J'y vais moins souvent qu'avant.

(1) Autrefois on pouvait rouler à 100km/heure sur cette route. Maintenant, on ne peut rouler qu'à 80km/heure. (vite)

(2) Il y a quelques années, nous voyions nos amis français tous les ans. Maintenant, nous les voyons tous les deux ou trois ans seulement. (rarement)

(3) Elle habite à un quart d'heure du centre-ville. Nous, nous habitons à une demi-heure du centre-ville. (loin)

(4) Elle parle anglais couramment. Il parle anglais sans faire de fautes. (bien)

(5) Elle écrit à ses parents tous les jours. Son frère leur écrit une fois par semaine. (souvent)

(6) La librairie ferme à sept heures et demie. La pharmacie ferme à huit heures. (tard)

(7) Quinze jours à St Tropez coûte vingt mille francs. Un mois en Bretagne coûte vingt mille francs. (cher)

(8) Nous sommes montés à 1200 mètres. Nos amis sont montés jusqu'à 1600 mètres. (haut)

(9) Il a réussi son examen sans réviser beaucoup. J'ai réussi mon examen mais j'ai révisé pendant des mois. (facilement)

(10) Quand elles sont rentrées hier soir, j'ai entendu Marie, mais je n'ai pas entendu Claire. (doucement)

Score: ... x 10

e) Comparative and superlative of adverbs: translate the following sentences into French, using the comparative or superlative given in brackets.

(1) I like maths better than French. (mieux)

(2) Japanese cars cost less than German cars. (moins)

(3) I speak French better than German. (mieux)

(4) I like Italian food less than French food. (moins)

(5) Nowadays children watch television more than before. (plus)

(6) Summer is the season I like most. (le plus)

(7) Provence is the region of France I know best. (le mieux)

(8) Last year, the state of the economy was bad, but this year it is going from bad to worse. (de mal en pis)

(9) I know Paris and Rome well: Madrid is the capital I know the least. (le moins).

(10) Before, people used to go to the theatre a lot, but now they go out less and they watch television more. (beaucoup, moins, plus)

(11) She suffered the most when her father left home. (le plus)

(12) I enjoyed myself most when we went to Spain on holiday. (le plus)

(13) The suspect must be found as soon as possible. (aussi ... que possible)

(14) Paris is a very tiring city: I go there as rarely as possible. (aussi ... que possible)

(15) Drivers should drink as little as possible and drive as carefully as possible. (aussi ... que possible)

Score: ... x 2

5 Pronouns and Corresponding Adjectives

A Demonstratives

a) Complete the following sentences with *ce, cet, cette* or *ces*.

(1) ..... ordinateur est plus moderne, mais ..... machine à traitement de texte est moins chère.

(2) ..... livre vaut vraiment la peine d'être lu.

(3) ..... été, je vais faire un stage dans une société américaine.

(4) ..... enfants apprennent le français depuis l'école primaire.

(5) Je n'aime pas beaucoup ..... homme-là; ..... genre de gens ne m'intéresse pas.

(6) Nous avons choisi ..... hôtel, en fin de compte, car il est beaucoup moins cher que ..... pension de famille.

(7) Rouen, Auxerre, Quimper, Dijon: toutes ..... villes de province ont des zones piétonnes.

(8) ..... haricots verts sent vraiment délicieux! - Oui, je les ai cueillis ..... après-midi dans le jardin.

(9) ..... gens ne parlent pas un mot de français: c'est pour ça qu'ils ne comprennent pas ..... pancarte.

(10) ..... aéroport n'est plus assez grand pour un si grand nombre de voyageurs.

(11) ..... hommes d'affaires prennent ..... avion toutes les semaines.

(12) Je n'ai pas vu ..... ami depuis longtemps — heureusement, il doit venir nous voir ..... hiver.

(13) ..... animaux ont l'air malheureux. C'est sans doute
parce que leur cage n'est pas assez grande.

Score: ... x 5 ⭕

**b) Fill in the gaps using *celui, celle, ceux* or *celles*, as in the
example provided.**

Je préfère mon ordinateur à ..... de Jean-Claude.
Je préfère mon ordinateur à celui de Jean-Claude.

(1) Maintenant, c'est le métro parisien qui est plus moderne
que ..... de Londres.

(2) Nous avons déjà choisi l'école de notre fils, mais pas
..... de notre fille.

(3) Dans les pays pauvres, les problèmes des enfants sont
encore plus urgents que ..... des adultes.

(4) Notre maison vaut moins cher que ..... de nos voisins.

(5) Les résultats du brevet sont excellents cette année,
tandis que ..... du baccalauréat sont très décevants.

(6) Le climat du Nord de la France ressemble beaucoup à
..... de l'Angleterre.

(7) D'après les statistiques, l'espérance de vie des hommes
est plus courte que ..... des femmes.

(8) Les parcs londoniens sont plus nombreux et plus grands
que ..... de la capitale française.

(9) Je n'ai jamais perdu les clefs de mon appartement, mais
je perds souvent ..... de ma voiture.

(10) Vous avez vu des expositions pendant votre séjour à
Paris? — Oui, j'ai vu ..... du Musée d'Orsay, qui était
excellente.

Score: ... x 10 ⭕

c) *Ce, il, elle* or *ça*? **Translate the following sentences into French, taking care to avoid a literal translation.**

   (1) He is a very good doctor, very gentle and calm.

   (2) Do you like Irish jokes? — No, I must confess I don't find them very funny.

   (3) Some friends have invited me to go to Norway with them, but it doesn't tempt me.

   (4) At his age, it is preferable to wait a little before getting married!

   (5) You enjoy ski-ing, I think? — Yes, I love it.

   (6) His life? It's like a novel!

   (7) It is very difficult to find somewhere to live in Paris nowadays.

   (8) Do you like the car which I have just bought? — Yes, it is really beautiful!

   (9) Eat, it will give you strength!

   (10) Do you know the Florets? — Yes, they are friends of mine.

   (11) Do you speak German? — Oh no, it is too difficult for me!

   (12) Do you mind if I open the window?

   (13) It is better to avoid the Côte d'Azur in August: it is too crowded.

   (14) She is a very conscientious teacher, but she has a few discipline problems.

   (15) This letter must be answered as soon as possible: it is very important.

   (16) I don't like their house: it is too small.

   (17) He has a good job: he is an engineer in a big multinational company.

   (18) It is late: let's go or we'll miss the train.

   (19) He is an excellent sales director: profits have risen since his arrival.

(20) They are good administrators, but they aren't very good businessmen.

Score: ... x 10 ◯

B Indefinite Adjectives and Pronouns

a) **Translate the following sentences into French.**

(1) Each passenger is checked at the customs.
(2) He has made several mistakes in the exercise.
(3) He rang me a few days ago.
(4) He encountered such problems that he didn't go on.
(5) Do you know the people who are here today? — Some, not all.
(6) I see my parents every month.
(7) We need someone very competent.
(8) What did he tell you? — Nothing very interesting.
(9) There are thirty pupils in the class, but several of them are ill.
(10) I saw the headmaster and nobody else.
(11) If you can't help me, I'll ask someone else.
(12) Have you got many English friends? — I have a few.
(13) I liked this novel but I have read others which weren't as good.
(14) I love these apples! — Have a few!
(15) Nobody knows where she is.
(16) I was there. I heard everything.
(17) I waited, but I didn't see anybody.
(18) I'm not hungry, I don't want to eat anything.
(19) She reads all the Sunday papers every week.
(20) I haven't seen any of his films. — I have seen some, but not many.

Score: ... x 10 ◯

b) **Translate the following sentences into French, using the indefinite pronoun *on*.**

    (1) In France, people drink wine and eat snails.
    (2) At the begining she is a bit strange, but after a while you get used to her.
    (3) Someone knocked on the door but I didn't answer.
    (4) I have been told to wait.
    (5) They have been asked to come back later.
    (6) Shall we go to the cinema or shall we stay at home?
    (7) If you go to that clinic, you'll be very well looked after.
    (8) You should never despair.
    (9) English spoken here.
    (10) You never know, we might be asked to testify.

Score: ... x 10

C Interrogative and Exclamatory Pronouns

a) **Here are the answers, but what are the corresponding questions?**

Example:

    A. J'ai le lundi et le mardi libres.
    Q. Quels jours as-tu de libres?

    (1) Je préfère les rouges.
    (2) J'ai acheté la Volvo.
    (3) Je suis né en janvier.
    (4) Quels jours est-ce que vous allez au golf?
    (5) Je suis ingénieur électronicien.

(6) Quinze ans.

(7) Paris, Lyon et Marseille.

(8) A l'hôtel de la Plage.

(9) Je préfère le tennis et la natation.

(10) C'est Paris.

Score: ... x 10 ◯

b) Complete the following sentences with one of the words below:

quel(le)(s), ce qui, ce que, qu'est-ce que, qu'est-ce qui

(1) ..... accidents terribles! Il faut limiter la vitesse sur les routes!

(2) ..... vous préférez lire? Des romans ou des biographies?

(3) ..... ne va pas? Vous êtes malade?

(4) ..... est important, c'est de ne pas perdre espoir.

(5) J'ai cherché à savoir ..... s'était passé, mais il est difficile d'obtenir des informations.

(6) ..... tout le monde espère, c'est que la situation économique va s'améliorer.

(7) ..... vous plaît le plus? La France ou l'Italie?

(8) Il ne sait jamais ..... il veut. Il est incapable de prendre une décision.

(9) ..... bonnes nouvelles! Je suis ravi que tu aies réussi ton examen et ton permis de conduire!

(10) J'aime beaucoup le Japon. ..... pays raffiné!

Score: ... x 10 ◯

c) **Fill in the gaps in these sentences, using the appropriate form of *lequel* or *qui*.**

(1) C'est la voisine, à ..... j'ai parlé hier, qui m'a renseigné.

(2) ..... de ces bicyclettes convient le mieux à un enfant de cet âge?

(3) Nous avons décidé d'acheter un ordinateur, mais nous ne savons pas ..... choisir.

(4) ..... trouvez-vous les plus jolis? Les villages français ou les villages anglais?

(5) Plusieurs villes ont été touchées par les bombardements, mais on ne sait pas encore ......

(6) Dans ..... de ces maisons habite la famille Destouches?

(7) ..... de ces personnes avez-vous parlé l'autre jour?

(8) ..... de ces hommes êtes-vous adressé?

(9) Je n'ai pas très bien compris à ..... problèmes il faisait allusion.

(10) L'ami à ..... j'ai prêté notre appartement en Bretagne doit revenir demain.

Score: ... x 10

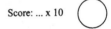

d) **Translate the following sentences into French, using *qui*, *que*, *quoi*, *ce qui*, *ce que*, as appropriate.**

(1) Nobody knows the man who has been elected president.

(2) I am the man whom the workers chose to represent them.

(3) I don't know who he is. I've never seen him.

(4) I can't remember all the countries which I visited, but I've been to France often.

(5) There are a lot of people who go on holiday abroad nowadays.

(6) That's the photo which I showed you in the local paper a few days ago.

(7) What did you put the passports in?

(8) Do you like the people you work for?

(9) The book which he wrote has not been published yet.

(10) Who are you going on holiday with this year?

(11) What do you think about during those long journeys on the motorway?

(12) What did you pay with when you bought the theatre tickets?

(13) Tell me what you need and I'll get it.

(14) I spent a year in France, which helped me a lot in my studies.

(15) He told me he was going to go and live in Paris, which I already knew.

(16) The government has adopted some measures which are very unpopular.

(17) I don't know what happened. She left without saying a word.

(18) Nobody understands what she says. She speaks with a very strong accent.

(19) What is important is to be well informed about the situation.

(20) He talks about cars and sport all the time, which bores me terribly.

Score: ... x 25

D Personal Pronouns

a) **Replace the noun in italics with the appropriate object pronoun, as in the examples.**

> **Q.** J'aime voir jouer *les gamins*.
> **A.** J'aime les voir jouer.

> **Q.** J'ai parlé à *Marc*.
> **A.** Je lui ai parlé.

(1) Je ne trouve pas *mon dossier*.

(2) J'admire beaucoup *la culture française*.

(3) J'ai donné mon adresse à *mes amis* de Londres.

(4) Les enfants ont toujours beaucoup de questions à poser à *leurs parents*.

(5) Hier, j'ai cherché *mes lunettes* partout.

(6) Tu devrais téléphoner à *ton père* un peu plus souvent.

(7) Vous parlez à *vos enfants* en quelle langue, anglais ou français?

(8) J'espère voir *mes collègues* anglais lors de leur passage à Paris.

(9) Le ministre des finances a expliqué les nouvelles mesures économique au *grand public*.

(10) Tu ne devrais jamais prêter ta voiture à *tes amis*. C'est trop dangereux.

Score: ... x 10   ◯

b) Translate the following sentences into French, paying particular attention to the order of the pronouns.

(1) She gives it to them. (l'argent)
(2) He explains them to us.
(3) I'm going to show it to you. (la bague)
(4) They will ask you for it. (la facture)
(5) Take it to her! (la lettre)
(6) Send them to us!
(7) He doesn't want to sell it to us. (la table)
(8) Lend it to her! (le vélo)
(9) She buys them for us.
(10) I'll give it back to you next week. (la cassette)

Score: ... x 10

c) Complete the following sentences using *en* or *y*.

(1) Si vous voulez des précisions, je peux vous ..... donner.
(2) J'adore la France, j' ..... vais plusieurs fois par an.
(3) Je suis très attachée à mon enfance: je n' ..... parle pas beaucoup, mais j' ..... pense souvent.
(4) Laissons la voiture ici: nous n' ..... avons pas besoin, le théâtre est tout près.
(5) Je pense sérieusement aller m'installer en Angleterre: j' ..... ai envie depuis longtemps.
(6) C'est ma mère qui ma donné ce vase: fais- ..... attention, j' ..... tiens beaucoup.
(7) Tu as réussi à trouver un appartement, finalement? - Oui, j' ..... suis finalement arrivé, mais ça n'a pas été simple!
(8) Tu veux que je te prête mes livres de français? Je ne m' ..... suis jamais servi.

(9) Tu te rappelles le week-end que nous avons passé à
    Londres? — Oui, je m' ..... souviens très bien.

(10) Ne t'inquiète pas pour les billets: je m' ..... occupe!

Score: ... x 10   ◯

6 Verbs

A Regular Conjugations

a) **Complete the following sentences by putting the verbs in brackets into the present tense.**

(1) Ils (décider) toujours de leurs vacances au dernier moment.

(2) En été nous (jouer) au tennis le plus souvent possible.

(3) Comment (oser)-vous dire une chose pareille?

(4) Elle (grossir) à chaque fois qu'elle a des ennuis.

(5) Je te (rendre) ta machine à écrire: je n'en ai plus besoin.

(6) Chaque année au printemps, nous (choisir) d'aller nous reposer dans un endroit calme.

(7) De nos jours, la plupart des gens se (nourrir) très mal.

(8) Parlez plus fort: il n' (entendre) pas très bien.

(9) On dit souvent que la musique (adoucir) les moeurs.

(10) Trop souvent nous (démolir) de vieilles maisons pour ensuite le regretter.

Score: ... x 10 ◯

b) **Put the following verbs into the imperfect, future and conditional tenses, in the *je*, *nous* and *ils* forms, as in the example given.**

téléphoner

IMPERFECT	*FUTURE*	*CONDITIONAL*
je téléphonais	je téléphonerai	je téléphonerais
nous téléphonions	nous téléphonerons	nous téléphonerions
ils téléphonaient	ils téléphoneront	ils téléphoneraient

(1) entrer
(2) entendre
(3) descendre
(4) saisir
(5) réfléchir

(6) rendre
(7) tomber
(8) attendre
(9) rougir

Score: ... x 10

c) **Put the verbs in brackets into the present subjunctive.**

(1) Il faut absolument que je (finir) mon travail avant de sortir ce soir.

(2) Je préférerais que vous (choisir) la date et l'heure vous-même.

(3) Elle veut que nous (vendre) la voiture pour en acheter une autre, plus grande.

(4) Il se peut qu'elles (arriver) en retard demain, à cause de la circulation.

(5) Le spectacle a beaucoup de succès. Il n'est pas rare que la salle (se remplir) en cinq minutes.

(6) Il est possible que nous (rentrer) de vacances un peu plus tôt, afin d'éviter les embouteillages sur les routes.

(7) J'ai mis la radio un peu plus fort, pour que vous (entendre) mieux.

(8) J'aimerais vous voir un peu plus longtemps, pour que vous me (fournir) tous les détails concernant votre plan.

(9) Je suis tout prêt à donner mon accord, pourvu que vous ne (dépasser) pas le budget fixe.

(10) Mon père aimerait mieux que nous lui (demander) son avis avant de prendre une décision.

Score: ... x 10

B Standard Spelling Irregularities

a) **Conjugate the following verbs in the present indicative, future and conditional tenses.**

(1) avancer
(2) bouger
(3) épeler
(4) projeter
(5) grommeler

(6) nettoyer
(7) achever
(8) emmener
(9) élever
(10) ennuyer

Score: ... x 10

b) Give the first person singular, and the first and third person plural, of the present indicative, future and conditional tenses of the following verbs.

(1)	célébrer	(6)	préférer
(2)	compléter	(7)	récupérer
(3)	protéger	(8)	répéter
(4)	libérer	(9)	suggérer
(5)	régler	(10)	tolérer

Score: ... x 10   ◯

c) Put the verbs in brackets into the correct form of the present subjunctive in the following sentences.

(1) Il faut que vous (appeler) votre mère immédiatement: c'est urgent.

(2) Même dans le Midi, il arrive de temps en temps que les routes (geler) l'hiver.

(3) Il est essentiel que les entreprises (employer) le plus de jeunes possible.

(4) Tous les hommes politiques présents ont formulé le désir que nos deux pays (jeter) ensemble les bases d'une coopération future.

(5) Il se pourrait qu'il (racheter) la société Balland, qui est en faillite.

(6) Je crains que le spectacle ne vous (ennuyer) si vous ne comprenez pas tout.

(7) Cela m'étonnerait beaucoup que les autorités (tolérer) cette situation.

(8) Il est souhaitable que vous (régler) ces problèmes au plus tôt.

(9) Il est absolument indispensable qu'à l'avenir, il (gérer) ses finances d'une manière plus rigoureuse.

(10) J'aimerais que quelqu'un me (suggérer) une solution:
j'ai tout essayé, sans résultat.

Score: ... x 10 ◯

d) Give the first and third person singular, and the first and third person plural, of the imperfect indicative for the following verbs.

(1) avancer
(2) arranger
(3) menacer

(4) nager
(5) lancer

C Auxiliaries and the Formation of Compound Tenses

a) Give the first person singular and plural of the perfect, pluperfect and past conditional for the following verbs, paying attention to the ending of the past participle for the verbs conjugated with *être*.

(1) jouer
(2) mentir
(3) défendre
(4) affaiblir
(5) attendre

(6) arriver
(7) descendre
(8) applaudir
(9) rester
(10) monter

Score: ... x 10 ◯

b) **Translate the following sentences into French. Take particular care over the choice of the auxiliary verb.**

(1) She didn't go back to England after her divorce. She stayed in France with her children.

(2) The President and his wife came back very tired from their trip and have gone on holiday in the mountains.

(3) Did you get the luggage out of the boot? — Yes, and I took it up to the attic.

(4) In France, many young people have left the villages, and some have become deserted.

(5) I'm sorry: my secretary didn't warn me that you had arrived.

(6) Unfortunately, the French skiing champion came down the slope too fast and fell.

(7) Like every autumn, the shepherds have come down from the mountains and the farmers have brought the cattle in.

(8) Parisian couturiers have brought out their Spring collections: hems have gone up again this year!

(9) The country hasn't come out of the recession yet, and the government haven't managed to convince the electorate.

(10) As usual in this season, film directors from all countries have come to the Cannes Film Festival to present their films, and they have answered questions from journalists and critics.

Score: ... x 5

D Reflexive Verbs

a) **In the following sentences, put the verbs given in brackets into the appropriate form of the present indicative. Remember that the reflexive pronoun will have to be changed as well.**

   (1) Les événements récents (se passer) de tout commentaire.
   (2) Nous (se moquer) trop facilement de ce qui est différent de nous.
   (3) Vous (s'appeler) comment?
   (4) Je (se promener) souvent seul: cela m'aide à réfléchir.
   (5) De nos jours, les pères (s'occuper) de plus en plus de leurs enfants.
   (6) Le travail, c'est sa drogue: il ne (s'arrêter) jamais!
   (7) Tous les grands hôtels de toutes les grandes villes (se ressembler).
   (8) Nous (s'attendre) rarement aux malheurs qui nous arrivent.
   (9) Pourquoi est-ce que vous (s'inquiéter) toujours pour des choses qui n'en valent pas la peine?
   (10) Après plusieurs séjours à Paris, je sais où (se trouver) les meilleurs restaurants.

Score: ... x 10

b) Translate the following sentences into French.

    (1) Don't stop!

    (2) Apologize immediately!

    (3) Enjoy yourselves!

    (4) Don't laugh at people's accents!

    (5) Don't let's get angry! It's not worth it!

    (6) Make enquiries at the tourist office, over there. They will help you.

    (7) Don't meddle with all that: it's too complicated!

    (8) Expect an increase in the interest rate this year.

    (9) Never get rid of old things: they will become fashionable again one day!

  (10) Let's hurry up, or we'll miss the train!

Score: ... x 10

c) Put the following sentences into the perfect tense. The verbs which are not underlined should remain in the present tense.

    (1) Pourquoi est-ce que tu *t'endors* pendant ce film? Il est très intéressant!

    (2) Dans son troisième roman, il *s'éloigne* de son style habituel.

    (3) Les hommes politiques *se trompent* trop souvent en ce qui concerne l'éonomie.

    (4) Les deux hommes d'état ne *se rencontrent* jamais mais ils se parlent très souvent au téléphone.

    (5) Nous nous *reposons* bien quand nous allons en Auvergne: c'est une région où il n'y a pas beaucoup de touristes.

    (6) Beaucoup d'événements importants et graves *se passent* pendant ce vingtième siècle.

(7) Un très grand nombre de femmes *s'arrêtent* de fumer avant la naissance de leur premier enfant.

(8) En raisons des conditions de sécurité insuffisantes, beaucoup d'ouvriers *se blessent* au travail, particulièrement sur les chantiers de construction.

(9) Les autorités concernées ne *s'excusent* même pas auprès des familles des victimes.

(10) Des centaines de lettres *se perdent* pendant la grève des postiers.

Score: ... x 10

E Impersonal Verbs

a) In the following sentences, fill in the gaps with a suitable impersonal verb chosen from the list below.

il fait beau   il y a des nuages   il neige   il y a du verglas
il est six heures   il pleut   il fait nuit   il est inutile   il est difficile
il gèle

(1) (——): les récoltes risquent d'être gravement endommagées.

(2) On voit que l'été s'achève: (——) de plus en plus tôt!

(3) On va pouvoir faire du ski: (——) sur les Alpes.

(4) Les fermiers craignaient la sécheresse: heureusement, aujourd'hui (——) dans toute la région.

(5) (——): à mon avis, il va sûrement pleuvoir. Prends ton imperméable!

(6) (——): les routes vont être très dangereuses!

(7) S' (——) demain, tu peux faire un pique-nique?

(8) (——): la conférence de presse du Président doit commencer d'une minute à l'autre.

(9) (——) de retrouver du travail lorsqu'on est au chômage depuis plusieurs mois.

(10) (——) d'essayer d'acheter une maison en ce moment: rien ne se vend!

Score: ... x 10

b) Translate the following sentences into English.

(1) It is clear that she does not want to speak to me.

(2) They will probably leave straight after the conference.

(3) It seems he's decided to go and live in France.

(4) It is possible that the situation might improve, but nobody knows when that will happen.

(5) It is doubtful whether he will find another job at his age.

(6) I thought I had the complete collection but I am three copies short.

(7) What happened? I heard a noise but I didn't see the accident.

(8) I have my memories left, and that's all.

(9) It seems to me that nowadays people are more pessimistic than before.

(10) Mrs Dubois? — Yes, what is it about?

Score: ... x 10

c) **Fill in each gap with one of the verbs given (one or two verbs might have to be used more than once).**

il faut   il vaut mieux   il suffit   il est difficile   il est vrai
il est facile   il existe   il est impossible

(1) (——) absolument aller voir ce film: c'est génial!
(2) (——) de me demander à la réception, et je viendrai vous chercher.
(3) (——) que l'économie s'est un peu améliorée, mais la situation est encore difficile pour beaucoup de gens.
(4) Vous pouvez essayer d'aller au théâtre sans réserver, mais à mon avis (——) louer vos places à l'avance: c'est une pièce qui a beaucoup de succès.
(5) (——) d'être critique, mais il est beaucoup plus difficile d'être artiste ou créateur.
(6) Beaucoup de gens prennent les transports en commun, car —— de se garer dans le centre de Paris.
(7) (——) d'arrêter de fumer, mais avec de la volonté on y arrive quand même.
(8) Ce n'est vraiment pas compliqué: (——) que le gouvernement accepte de nous accorder des crédits, et des centaines d'emplois seront sauvés.
(9) (——) encore trop d'inégalités entre pays riches et pays pauvres.
(10) S'(——) interdire de fumer dans tous les établissements publics, nous sommes prêts à le faire, pour le bien de tous.

Score: ... x 10 ◯

F Tenses

a) Translate the following sentences into French.

(1) What is he doing? — He is coming, he is parking the car.

(2) Many countries are going through a difficult time at the moment.

(3) Call me tomorrow when you arrive at the office.

(4) French people drink less wine than twenty or thirty years ago.

(5) When I go and see her, she always talks about the past.

(6) The director is busy at the moment: he is talking to his associate on the phone.

(7) Children do not read much these days, because they watch too much television.

(8) I think he is writing his autobiography.

(9) I'll tell him next time I see him.

(10) Every time I am watching something good on television he wants to watch something else.

Score: ... x 10

b) Put the verbs in brackets into the relevant past tense, perfect or imperfect.

Example: Comme il (faire) froid hier, je ne (sortir) pas.
Comme il faisait froid hier, je ne suis pas sorti(e).

(1) J'(aller) souvent au théâtre quand j' (habiter) près de Londres.

(2) Il y a quelques années, les femmes (occuper) peu de postes de responsabilité et (rester) souvent au foyer.

(3) Quand j' (être) étudiant, je (lire) quelquefois toute la nuit

(4) Comme il (pleuvoir) très fort, les responsables (annuler) le match.

(5) Quand il me (téléphoner), je (penser) tout de suite à un accident.

(6) Il (réfléchir) à ses problèmes et il ne pas (voir) la voiture arriver.

(7) C'est un homme qui (gagner) beaucoup d'argent, et qui (faire) beaucoup de bien dans sa vie.

(8) Le ministre des transports (prendre) des mesures draconiennes, mais malgré cela le nombre des accidents de la route ne pas (diminuer).

(9) Les gens (parler) tellement fort que je ne pas (entendre) l'annonce faite dans le haut-parleur.

(10) La foule (commencer) à crier dès qu'elle (apercevoir) le cortège.

Score: ... x 10

c) Translate the following sentences into French.

(1) When he arrived, I had already gone out.

(2) The postmen had been on strike for a fortnight when they accepted the payrise.

(3) I had told her to be careful but she didn't listen to me.

(4) As soon as I arrive in Paris, I am going to look for work.

(5) He will phone us when he's bought the tickets.

(6) I will get back to work when I have fully recovered.

(7) He has been working in Paris for twenty years.

(8) I lived in a flat for six years, then I bought this house.

(9) There have been less problems since they built this motorway.

(10) He has been teaching at this university since 1991.

Score: ... x 10 ◯

d) Complete the following sentences by choosing the correct verb form amongst the ones given in brackets.

(1) Je (viens/venais/suis venu) de m'endormir lorsqu'un bruit bizarre m'a réveillé.

(2) J'ai l'intention de partir pour les Etats-Unis quand je (passe/passerai/aurai passé) mes examens.

(3) Je viendrai chercher ma robe quand elle (sera/est/était)/ prête.

(4) Les pourparlers (ont duré/durent/duraient)/ depuis plus de quinze jours lorsque les participants sont enfin arrivés à un accord.

(5) Je (n'ai/n'avais/n'aurai)/ pas eu de ses nouvelles depuis plusieurs années lorsque je l'ai rencontré à la gare.

(6) Les choses commenceront à changer lorsque les hommes politiques (comprennent/auront compris/ont compris)/ que les gens en ont assez.

(7) Ils ont promis qu'ils m'écriraient dès qu'ils (prenaient/avaient pris/auraient pris)/ une décision.

(8) Il y a plusieurs mois que nous les (avons connus/connaissions/connaissons)/ mais nous ne savons toujours pas où ils habitent.

(9) J'étais fatiguée parce que je (suis allée/j'étais allée/j'allais)/ me coucher tard.

(10) Téléphone-moi dès que tu (connais/auras connu/connaîtras)/ l'heure d'arrivée de ton train.

Score: ... x 10 ◯

G The Subjunctive

a) Turn each set of two sentences into one by using *que* + the appropriate form of the subjunctive, as in the example below.

Examples: Je suis triste. Elle est partie. Je suis triste qu'elle soit partie.

Tenez-moi au courent régulièrement. Je le souhaite. Je souhaite que vous me teniez au courant régulièrement.

(1) Mes parents sont très contents. J'ai réussi à mes examens.
(2) Elle était désolée. Je donne ma démission.
(3) Je suis très heureux. Vous avez pris cette décision.
(4) J'étais surprise. Ils ne m'ont pas écrit.
(5) Il roule trop vite, et j'ai peur. Il aura un accident.
(6) Je regrette beaucoup. Tu ne peux pas m'accompagner à Paris.
(7) Ils sont étonnés. Tu ne viens pas.
(8) Je vais revenir plus tard. Tu veux?
(9) Ce ne sera pas possible de vous donner une réponse avant la fin du mois.
(10) Dis-moi la vérité. Je préfère ça.

Score: ... x 10 ◯

b) Using the impersonal verb in brackets, and the given verb in the appropriate tense and form, complete the statements on the left.

Examples: Ils sont en retard! (Il faut / se dépêcher!) Ils sont en retard! Il faut qu'ils se dépêchent!

Elles auraient pu régler le problème par téléphone. (Il n'était pas nécessaire / se déranger)

Elles auraient pu régler le problème par téléphone. Il n'était pas nécessaire qu'elles se dérangent.

(1) Quand es-tu libre? (il est important / se voir au plus vite).

(2) Mon mari doit aller aux Etats-Unis pour affaires en juin. (il est possible / m'emmener avec lui).

(3) Je ne l'ai pas vue depuis une semaine. (Il se peut / être partie en vacances).

(4) La police devrait interroger le concierge. (il est possible / ne rien voir).

(5) Ils devaient arriver avant huit heures. (Il est douteux / venir maintenant).

(6) Tu sais bien que cette idée ne lui plaît pas. (Il est peu probable / réussir à le convaincre).

(7) Elle a l'air très heureuse à l'université. (Il semble / s'être bien habituée / à sa vie d'étudiante).

(8) C'est un long voyage, et elle est malade. (Il serait préférable / rester chez elle).

(9) Il ne connaît rien aux voitures. (Il vaudrait mieux/ ne pas acheter / une voiture d'occasion).

(10) J'aurais bien aimé vous voir quand vous étiez en France le mois dernier. (C'est dommage / ne pas me téléphoner).

Score: ... x 10

c) Answer the following questions, starting, as in the examples, with the expressions supplied in brackets.

Examples: Ils arrivent demain? (Il n'est pas certain) Il n'est pas certain qu'ils arrivent demain.

Ils ont réussi à avoir des places? (Je doute que). Je doute qu'ils aient réussi à avoir des places.

(1) A ton avis, ça vaut la peine d'aller voir cette pièce? (ne pas croire que).

(2) Tu crois qu'elle guérira bientôt. (ne pas penser que).

(3) Les travaux seront finis avant l'été. (douter que).

(4) Vous allez en France cette année, vous et votre famille? (ne pas être sûr que)

(5) L'inauguration aura lieu à la date prévue? (il n'est pas certain que)

(6) Selon toi, il sera élu? (il n'est pas évident que).

(7) Vous croyez que le niveau de vie a augmenté depuis une dizaine d'années? (il n'est pas vrai que).

(8) Le ministre a décidé de changer les programmes scolaires? (il semble que).

(9) D'après toi, les conservateurs gagneront les élections cette fois-ci? (il n'est pas sûr que).

(10) Il y aura bientôt des élections? (il se pourrait que).

Score: ... x 10

d) Fill in the gaps in these sentences by choosing the appropriate expression from the list below.

pourvu que   de peur que   sans que   à moins que   bien que
avant que   en attendant que   jusqu'à ce que   à condition que
pour que

(1) Il n'a pas gagné de médaille olympique, (———) il soit le meilleur skieur du monde.

(2) Les blessés sont morts de froid dans la neige, (———) il soit possibe de les secourir.

(3) Il aurait fallu un plus grand théâtre, (———) plus de gens puissent voir le spectacle.

(4) Je laisse mes enfants sortir le soir, (———) ils ne rentrent pas trop tard.

(5) Beaucoup de jeunes sont obligés d'habiter chez leurs parents, (———) ils trouvent une maison ou un appartement à louer ou à acheter.

(6) J'ai l'intention de faire le voyage en voiture, (———) il ne fasse trop mauvais temps sur les routes.

(7) On a limité le nombre des spectateurs, (———) des incidents n'éclatent dans le stade.

(8) Je veux bien essayer de faire ce travail, (———) on m'aide un peu.

(9) Il faut absolument que j'arrive en ville (———) les banques ne ferment.

(10) (———) ma voiture soit réparée, je me sers de mon vélo pour aller travailler.

Score: ... x 10 ◯

e) Translate the following sentences into French.

(1) She doesn't think she'll be able to come.

(2) I think I recognize her.
(3) She left without saying goodbye.
(4) She's working on Saturdays to earn some pocket money.
(5) It is better to have a rest before you go out.
(6) You can still see the play, provided you book now.
(7) I'd love to go to France but I am afraid I won't understand anything.
(8) He'll have to work very hard if he wants to pass the exam.
(9) I'll put the alarm on so that I won't forget to wake-up.
(10) I am sorry I never met him.

Score: ... x 10 ◯

f) In the following sentences, put the verbs in brackets into the appropriate tense or form.

Examples: Si les amendes étaient plus élevées, il y (avoir) sans doute moins d'accidents. Si les amendes étaient plus élevées, il y aurait sans doute moins d'accidents.

Si tu m'avais prévenu, je (venir) te chercher. Si tu m'avais prévenu, je serais venu te chercher.

(1) S'il y avait moins de chômage, il y (avoir) sans doute moins de problèmes sociaux.
(2) Si j'avais beacoup d'argent, je (faire) un voyage en Chine.
(3) Si j'avais su, je ne (pas venir).
(4) Si les prix étaient plus raisonnables, nous (aller) plus souvent au restaurant.
(5) S'il ne me (pas aider), je n'aurais jamais réussi à faire ça tout seul.

(6) Si je (pouvoir), je prendrais un mois de vacances par an.

(7) S'il y avait eu moins de circulation, nous ne (pas rater)
notre avion.

(8) S'il n'y avait pas eu la grève des chemins de fer, nous
(prendre) le train.

(9) Si le conducteur (rouler) moins vite, l'accident ne (pas
arriver).

(10) Elle vient de téléphoner pour dire qu'elle (être) sans
doute en retard.

Score: ... x 10

g) Rewrite the following sentences, by putting the main verb into the imperative, as in the examples:

Nous devons partir maintenant!   Partons maintenant!
Tu dois te reposer maintenant!   Repose-toi maintenant!

(1) Tu dois leur téléphoner!

(2) Vous devez faire attention!

(3) Nous ne devons pas oublier de prendre les
imperméables!

(4) Tu dois nous accompagner!

(5) Vous devez nous prévenir à temps!

(6) Tu dois t'arrêter de fumer au plus vite!

(7) Nous devons nous préparer à sortir!

(8) Tu dois te souvenir de nos dernières vacances!

(9) Vous devez vous adresser aux responsables!

(10) Tu dois nous écrire à ton arrivée!

Score: ... x 10

H The Infinitive

a) Complete the following sentences by choosing the relevant verb in the infinitive from the list below, and adding *à* or *de* in front of it when necessary.

Examples: fermer   battre le record du monde

Je n'arrive pas —— la porte à clef. Je n'arrive pas à fermer la porte à clef.

La semaine prochaine à Tokyo, il va tenter ——. La semaine prochaine à Tokyo, il va tenter de battre le record du monde.

sortir conduire   habiter voler dire intervenir faire attendre mourir vendre

(1) Après des mois, ils se sont finalement décidés —— leur maison.

(2) Le mois dernier, elle a failli —— dans un accident de voiture.

(3) Si je voulais, je pourrais prendre des vacances maintenant, mais je préfère —— jusqu'à l'été.

(4) Je n'ai jamais eu l'occasion de —— en Concorde. Il paraît que c'est très confortable.

(5) Trop souvent, les parents modernes laissent leurs enfants —— tout ce qu'ils veulent.

(6) J'ai trop de travail en ce moment: je n'ai pas le temps ——.

(7) Les journalistes ont essayé de l'interviewer, mais il n'avait rien ——.

(8) Elle s'ennuie: elle n'a pas l'habitude —— à la campagne.

(9) La police a décidé —— afin d'éviter des violences.

(10) Apprendre —— n'est pas une chose facile.

Score: ... x 10

b) This time, complete the sentences below by chosing the main verb from the list below, and also the correct preposition, *à* or *de*, which should follow.

Example: essayent acceptera

Depuis des années, les pays européens —— régler ce problème.
Depuis des années, les pays européens essayent de régler ce problème.

Elle n' —— jamais le laisser partir si loin.
Elle n'acceptera jamais de le laisser partir si loin.

chercher a invité a conseillé ai craint s'efforce
empêchaient commencent sommes arrivés ont obligé viens

    (1) Le docteur lui —— aller à la montagne pour sa santé.
    (2) Nous lui avons parlé pendant toute une heure, et
          finalement nous —— la convaincre.
    (3) Je ne lui ai pas tout dit: j' —— l'ennuyer.
    (4) Elle —— attirer l'attention sur elle en s'habillant d'une
          manière très excentrique.
    (5) Malheureusement, d'après les statistiques, les jeunes
          —— fumer de plus en plus tôt.
    (6) Il y avait de nombreux policiers sur les lieux de
          l'accident: ils —— les gens —— approcher.
    (7) Après la projection du film, le metteur en scène ——
          les spectateurs —— lui poser des questions.
    (8) Les autorités —— tous les automobilistes —— porter
          la ceinture de sécurité.
    (9) Je ne peux pas rentrer chez moi: je —— me rendre
          compte que j'avais oublié mes clefs au bureau.
  (10) Le gouvernement —— aider les jeunes sans emploi.

Score: ... x 10

c) Translate the following sentences into French, taking care to avoid literal translations.

    (1) I can drive, but I prefer to travel by train.

    (2) She spends her time phoning her friends instead of studying for her exams.

    (3) He was very ill during the night, so I sent for the doctor.

    (4) I would like to help you, but I am busy at the moment.

    (5) He has just completed a film and he is going to start another one.

    (6) They haven't understood this exercise: I made them do it again.

    (7) I hope to come and see you before leaving for France.

    (8) You must have your hair cut, it is too long! - But I don't feel like going to the hairdresser's!

    (9) They kept us waiting at the airport for hours without giving any explanations.

    (10) I've never heard of the French restaurant which has just opened near here but I have heard that it is very good.

Score: ... x 10

d) Rewrite the following sentences so as to say the same thing, but using the words given in brackets and a verb in the infinitive, as in the examples.

Example: Il ne peut pas vivre seul. (incapable) Il est incapable de vivre seul.

C'est un examen très difficile à réussir. (Il est) Il est très difficile de réussir cet examen.

> (1) Ce problème est facile à résoudre. (Il est)
> (2) Il a travaillé très dur. Il voulait obtenir la meilleure note. (pour)
> (3) Il a donné un coup de téléphone important. Ensuite, il est sorti. (avant)
> (4) Il est parti. Il n'a pas dit au revoir. (sans)
> (5) Apprendre une langue étrangère est très difficile. (Il est)
> (6) Ils n'ont pas pris l'autoroute. Ils ont emprunté les petites routes. (Au lieu de)
> (7) Il joue avec son ordinateur tout la journée. (passer son temps à)
> (8) On règle le volume avec cette touche. (servir à)
> (9) Elle ne prend pas souvent l'avion. (avoir l'habitude de)
> (10) On ne peut pas visiter Paris et ne pas l'aimer (Il est impossible de ... / ... sans ...)

Score: ... x 10   ◯

**e) In each case, transform the two sentences given into a
single sentence, as in the examples below. This will involve
using a verb in the perfect infinitive form.**

Examples: Il a rencontré le Président. Ensuite, il a fait une
déclaration. Après avoir rencontré le Président, il a fait une
déclaration.

Elle s'est levée de bonne heure. Ensuite, elle a pris son petit-
déjeuner. Après s'être levée de bonne heure, elle a pris son petit-
déjeuner.

Je n'ai pas connu mes grands-parents. Je le regrette beaucoup.
Je regrette beaucoup de n'avoir pas connu mes grands-parents.

Elle n'a pas pu venir au mariage de votre fille. Elle s'en excuse.
Elle s'excuse de n'avoir pas pu venir au mariage de votre fille.

(1) Il a joué son dernier match. Puis, il a décidé
    d'abandonner le football.
(2) Vous m'avez écoutée très patiemment: je vous en
    remercie.
(3) Ils ont beaucoup réfléchi. Finalement, ils ont choisi de
    ne pas porter plainte.
(4) Elle est vraiment désolée: elle n'a pas pu nous aider.
(5) Nous avons beaucoup voyagé il y a quelques années.
    Ensuite, nous avons préféré nous fixer en France.
6) Je l'ai rencontré à un dîner l'année dernière. Je m'en
    souviens.
(7) Elle s'est bien amusée dans sa jeunesse. Après cela, elle
    a fini par trouver du travail et mener une vie plus calme.
(8) Je n'ai pas pu vous recevoir hier: je m'en excuse.
(9) Les athlètes se sont reposés quelques jours. Après cela,
    ils ont recommencé leurs séances d'entraînement

(10) Je n'ai jamais étudié la musique. Je le regrette
vraiment.

Score: ... x 10

I   Participles

a) **First, give the present participle of each of the following
verbs. Then, use the adjectives obtained in this way to fill
in the gaps in the sentences below, remembering to make
them agree, if necessary, with the nouns to which they
refer.**

amuser fatiguer décevoir intéresser tenter étonner passionner
vivre (se) méfier hésiter

amusant fatigant décevant intéressant tentant étonnant
passionnant vivant méfiant hésitant

(1) Durant la discussion, plusieurs délégués ont fait des
suggestions très ——.

(2) Ces gâteaux au chocolat ont l'air très ——. J'ai bien
envie d'en acheter.

(3) Il me fait rire: ses plaisanteries sont très ——.

(4) Ce livre raconte l'aventure —— de la conquête de
l'Espace.

(5) Je suis allé à Londres hier: c'était une journée agréable,
mais très ——.

(6) Sur les marchés français, on peut acheter des crevettes
——.

(7) Il n'avait pas l'air très sûr de ce qu'il disait: il a répondu
d'une voix ——.

(8) Elle est devenue très ——: elle n'ouvre pas sa porte aux
inconnus.

(9) Depuis qu'il a commencé à apprendre le français
l'année dernière, il a fait des progrès ———.

(10) J'espérais obtenir de meilleurs résultats à mes
examens: en fait, j'ai obtenu des notes très ———.

Score: ... x 10 ◯

**b) Translate the following sentences into French. In each,
you will need to use a present participle.**

(1) She smiled when she saw herself in the mirror.

(2) The children were laughing while opening their
presents.

(3) He made a lot of money in the Eighties selling houses.

(4) He succeeded by working very hard and knowing when
to take risks.

(5) I often listen to classical music while reading.

(6) She left the hospital crying.

(7) She pays for her studies by working part-time as a
secretary.

(8) Nowadays, many women choose to continue to work
while bringing up their children.

(9) He managed to get into the house by breaking the
bathroom window.

(10) You won't get anywhere by losing your temper.

Score: ... x 10 ◯

c) **Fill in the gaps in the sentences below with the participles/ adjectives taken from the list below. Then, translate the completed sentences into English.**

allongés penchées étendus connue suspendus appréciée assises couchée accoudée agenouillées

(1) Les blessés étaient —— sur les civières.

(2) Plusieurs femmes priaient, —— dans l'église.

(3) Des centaines de touristes étaient —— sur le sable, en plein soleil.

(4) A la suite d'une forte grippe, elle est restée —— quinze jours.

(5) —— sur leur livre, elles ne l'avaient pas entendu entrer.

(6) Les alpinistes ont dû rester —— dans le vide en attendant du secours.

(7) —— à la fenêtre, la jeune femme posait pour le photographe.

(8) Aux heures d'affluence, il n'y a jamais assez de places —— dans les trains.

(9) de tous, elle était aussi particulièrement —— des enfants.

Score: ... x 10

d) Fill in the gap in each sentence with the most suitable verb from the selection given below. As the missing verbs are given in the infinitive form, you will have to put them into the past participle form, which must then agree with the subject.

Example: porter   rencontrer

C'est la robe que j'ai —— au mariage de ma soeur.
C'est la robe que j'ai portée au mariage de ma soeur.

Nous nous sommes —— chez un ami commun.
Nous nous sommes rencontrés chez un ami commun.

casser téléphoner voir visiter lire
parler amuser marier déguster faire

(1) Ma femme et moi avons vu un film comique hier soir; nous nous sommes beaucoup ——.

(2) Elle s'est —— la jambe en faisant du ski: elle a dû rester trois mois dans le plâtre.

(3) Pendant leur séparation, ils se sont —— tous les jours.

(4) Anne et sa soeur ne se sont pas —— depuis au moins trois ans.

(5) Les deux chefs de gouvernement se sont —— longuement hier, pour la première fois depuis la fin de la guerre.

(6) Marie s'était souvent —— pourquoi sa soeur ne s'était jamais mariée.

(7) Quels livres avez-vous —— dans cette collection?

(8) Combien de voyages d'affaires avez-vous —— cette année?

(9) Quels vins avez-vous —— pendant votre voyage en Bourgogne?

(10) Parmi les capitales que j'ai ——, je crois que Paris est celle que je préfère.

Score: ... x 10 ◯

J The Passive

a) Translate the following sentences into French.

(1) I was bought this dress for my birthday, and I was very pleased with my present.

(2) She gets some pocket money every week.

(3) They were taught French at a very early age.

(4) She was laughed at because of her strange name.

(5) When I was very young, children didn't use to speak unless they were spoken to.

(6) They were left a fortune when their parents died.

(7) I was assured that my passport would be ready the same day. I was told to wait here.

(8) She's very tired and she's been told to rest as much as possible.

(9) He is said to like France a lot and to speak very good French.

(10) English spoken.

Score: ... x 10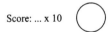

b) Translate the following sentences into English.

(1) On les a vus ensemble au théâtre la semaine dernière.

(2) Je ne sais pas comment elle s'appelle.

(3) Ce vin se boit très froid.

(4) On dit que c'est une très bonne joueuse de tennis.

(5) On parle de lui comme du prochain premier ministre.

(6) En France, la viande se mange moins cuite qu'en Angleterre.

(7) On a dû faire venir le docteur en pleine nuit.

(8) On m'a envoyé une lettre de rappel au sujet de mon livre de bibliothèque.

(9) On l'a surpris en train de voler de l'argent à sa société.

(10) On l'a appelée la femme la plus célèbre du monde.

Score: ... x 10

K Modal Auxiliary Verbs

a) Choose the relevant modal verb in the following sentences.

(1) Le médecin m'a dit que je (voulais / pouvais / devais) absolument prendre trois comprimés par jour.

(2) Elle (veut / doit / peut) être très contente d'avoir réussi tous ses examens.

(3) L'avion (voudrait / devrait / pourrait) arriver à onze heures, mais il aura probablement du retard à cause du brouillard.

(4) C'est quelque chose qui (peut / sait / doit) arriver, mais c'est très rare.

(5) Je me réveille tous les matins avec une migraine épouvantable: je (dois / veux / peux) prendre rendez-vous chez le médecin.

(6) Je préfère ne pas sortir: mon mari (peut / doit / veut) m'appeler des Etats-Unis vers sept heures.

(7) Ce n'est pas la peine que j'achète une voiture: je ne (sais / dois / peux) pas encore conduire.

(8) Je n'aime pas beaucoup aller en vacances à la mer, car je ne (sais / veux / peux) pas nager.

(9) J'ai essayé de téléphoner, mais pas de réponse: elle (a su / a dû / a pu) sortir.

(10) Ils auraient pu venir avec nous, (s'ils avaient dû / s'ils avaient pu / s'ils avaient voulu).

Score: ... x 10 ◯

b) In the text below, fill in each gap with the relevant modal verb in the appropriate tense and form.

vouloir falloir pouvoir savoir devoir

Some verbs will have to be used more than once.

Anne attend un coup de téléphone de son amie, avec qui elle —— partir en vacances. Elle —— appeler vers sept ou huit heures. Elle ne —— pas encore où elles —— aller, mais il se —— qu'elles choisissent l'Espagne. Anne —— conduire, et une fois arrivées les deux jeunes filles —— louer une voiture pour visiter la région. Elle —— déjà partir ensemble l'année dernière, mais elles n'—— pas , car Anne —— acheter une nouvelle voiture.

Score: ... x 10 ◯

c) Match the following sentences with those below, paying attention to verb tenses.

(1) Elle aurait dû partir plus tôt /
(2) Si tu ne veux pas finir à l'hôpital /
(3) J'aurais bien voulu être médecin /
(4) Elle voudrait bien lui dire la vérité /
(5) Elle a beaucoup vieilli maintenant /

(6) Tu pourrais au moins lui téléphoner pour la remercier /
(7) On aurait pu éviter les grèves /
(8) S'ils ne m'avaient pas aidée financièrement.
(9) Vous devriez prendre des vacances plus souvent /
(10) Finalement ils ont dû vendre leur maison /

si le gouvernement avait cédé aux revendications des ouvriers.
ce serait plus poli!
je n'aurais jamais pu supporter mes difficultés.
vous avez l'air fatigué.
elle était devenue trop grande pour eux.
elle n'aurait pas raté son train.
tu devrais arrêter de fumer.
mais je n'aurais jamais pu supporter la vue du sang.
mais elle a dû être très belle quand elle était jeune.
mais elle ne sait vraiment pas comment s'y prendre.

Score: ... x 10 ◯

L Conjugation Practice

a) Conjugate the following verbs in the present indicative.

(1)	manger	**(6)**	vendre
(2)	acheter	**(7)**	mettre
(3)	appeler	**(8)**	finir
(4)	jeter	**(9)**	aller
(5)	commencer	**(10)**	faire

Score: ... x 10 ◯

b) Conjugate the following verbs in the imperfect tense: first and second person singular, and first person plural.

(1) être   (4) faire
(2) avoir   (5) dire
(3) croire

Score: ... x 10

c) Give the first person singular and plural of the future tense of each of the following verbs.

(1) travailler   (6) pouvoir
(2) voir   (7) vouloir
(3) aller   (8) savoir
(4) faire   (9) tenir
(5) écrire   (10) venir

Score: ... x 10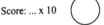

d) Give the past participle of the following verbs.

arriver	dormir
descendre	comprendre
partir	boire
rester	écrire
sortir	recevoir
entrer	devoir
venir	connaître
aller	lire

monter	vivre
revenir	rire

Score: ... x 5 ◯

e) **Now, conjugate the above verbs in the perfect tense.**

Score: ... x 5 ◯

f) **Put the following verbs into the first person singular and plural of the present and perfect tense.**

(1)	se lever	(6)	se demander
(2)	s'amuser	(7)	se dépêcher
(3)	s'asseoir	(8)	se réveiller
(4)	se promener	(9)	se tromper
(5)	s'excuser	(10)	s'endormir

Score: ... x 10 ◯

g) **Conjugate the following verbs in the conditional, present and past.**

falloir (il faut)	devoir
être	préférer
avoir	dire
être aimé	savoir
faire	se souvenir

Score: ... x 10 ◯

h) Give the first person singular and plural of the pluperfect of each of the following verbs.

tomber	naître
partir	trouver
se coucher	revenir
se taire	espérer
sortir	courir

Score: ... x 10

i) Translate these verb forms into French.

(1) they were playing
(2) I went
(3) they were eating
(4) you would like
(5) we should write
(6) they would have arrived
(7) they should have spoken
(8) I came back
(9) you used to laugh
(10) we were enjoying ourselves
(11) he will be coming
(12) they waited
(13) she is watching
(14) we should work
(15) they will be arriving
(16) they would prefer
(17) we had sat down
(18) they would have finished
(19) you should start
(20) it would have been necessary

Score: ... x 5

j) Give the present subjunctive (first person singular and plural) of the following verbs.

(1)	finir	**(6)**	faire
(2)	appeler	**(7)**	être
(3)	croire	**(8)**	avoir
(4)	commencer	**(9)**	aller
(5)	venir	**(10)**	savoir

Score: ... x 10 ◯

k) Same excercise as above, for the perfect subjunctive of the following verbs.

(1)	essayer	**(6)**	rentrer
(2)	s'amuser	**(7)**	avoir
(3)	laver	**(8)**	devoir
(4)	ouvrir	**(9)**	monter
(5)	mourir	**(10)**	entendre

Score: ... x 10 ◯

l) Give the three forms of the imperative for each of these verbs.

mettre	se réveiller
prendre	s'habiller
boire	se lever
manger	s'arrêter
appeler	se dépêcher

Score: ... x 10 ◯

M Verb Constructions

a) Translate the following sentences into French.

(1) I waited for him but he didn't come.
(2) I was hoping for a letter but she didn't write.
(3) I have paid for my holidays and now I haven't got any money left.
(4) I haven't looked at your book.
(5) He listens to classical music a lot.
(6) The teacher never answers our questions clearly.
(7) She looks very much like her father.
(8) He plays rugby and his sister plays the piano.
(9) Nowadays, few children obey their parents like they used to.
(10) I will never forgive him.
(11) She didn't notice my presence.
(12) I wouldn't like to change places with him.
(13) You can use my pen if you want.
(14) I don't remember her at all.
(15) I'm sorry I'm late: I got the wrong bus!
(16) I suspected something but I didn't say anything.
(17) When the man came near the children, they ran away.
(18) I don't trust people who smile too much.
(19) It's not easy to give up tobacco and alcohol.
(20) His sense of humour does not suit everyone.

Score: ... x 5

b) Fill in the gaps in the following sentences with the verbs from the list. Put the verbs into the right tense and add the relevant preposition.

Example: voler   rêver

Il paraît qu'il —— ce stylo en or —— son camarade.
Il paraît qu'il a volé ce stylo en or à son camarade.

Elle —— sa vie en Amérique, où elle a l'intention d'émigrer.
Elle rêve à sa vie en Amerique, où elle a l'intention d'émigrer.

traiter servir vivre remercier croire s'intéresser féliciter
songer parler dépendre

(1) Ça ne —— rien de lui parler: elle n'écoute personne.
(2) Avez-vous déjà —— changer de métier?
(3) Il n'a pas besoin de travailler. Il —— ses rentes.
(4) J'aimerais beacoup aller aux Etats-Unis cet été, mais ça —— mes parents.
(5) C'est un livre très important, qui —— conséquences de la deuxième guerre mondiale.
(6) Beaucoup de gens —— fantômes, mais je dois avouer que ce n'est pas mon cas.
(7) N'oublie pas de téléphoner à Pierre et Françoise pour les —— leur mariage.
(8) J'ai essayé de l'emmener avec moi au cinéma et au théâtre, et je lui ai prêté des livres, mais en fait elle ne —— rien.
(9) Elle me —— son mari très souvent mais je ne l'ai jamais vu.

Score: ... x 10

c) Reorder correctly the jumbled-up sentences below.

(1) Elle / a / avocat / sa soeur / voir / à / aller / conseillé / un / d'.

(2) Je / proposé / lui / de / ai / week-end / passer / un / nous / avec.

(3) Elle / me / toujours / moins / de / dit / vite / conduire.

(4) Il / préfère / maladie / sa famille / cacher / sa à.

(5) Cette / moyens / ne / partir / pas / ont / permis / année / vacances / de / nos / nous en.

(6) Le / m' / boire / vin / du / a / docteur / et / rouge / de / viande / le / défendu / de / de la / manger.

(7) A / parents / le / emprunté / ai / j' / mes / voiture / leur / week-end pour.

(8) Aux / reprendre / travail / le / a / grévistes / gouvernement / de / ordonné / le.

(9) Fille / à / j' / promis / l' / ai / ma / emmener / cirque / de / au.

(10) Dit / plusieurs / qu' / on / il / l'argent / son / employeur / de / à / pris / années / pendant / a.

Score: ... x 10

7 Prepositions

a) Complete the following sentences, using the prepositions listed below. Some prepositions might have to be used more than once.

dans   au   en   à   à la   chez   jusqu'à   à l'

(1) Je te retrouverai —— arrêt d'autobus à huit heures.

(2) Il paraît qu'elle retourne —— France trois fois par an.

(3) Elle a passé un an —— Paris —— une famille française.

(4) Je préfère voyager —— avion: c'est plus rapide!

(5) —— les cinémas français, il est interdit de fumer.

(6) Nous faisons du camping plutôt que de descendre —— hôtel: c'est moin cher.

(7) —— France, il n'est pas nécessaire de se déplacer pour aller —— le docteur: le docteur vient vous voir —— vous.

(8) Si ça vous arrange, je vous prête ma voiture —— la semaine prochaine.

(9) En principe, il devait arriver —— deux heures.

(10) Il fait régulièrement du deux cent —— heure avec sa voiture de sport, et un jour il a fait Paris-Lyon —— moins de trois heures.

(11) Ils ont déménagé: maintenant, ils habitent —— campagne —— quelques kilomètres de Caen, —— Normandie.

(12) —— quelle année est-ce que vous êtes allé —— vacances avec les Legrand —— France?

Score:... x 5

b) Translate the following sentences into French. Beware of literal translations!

(1) She has lived in France for five years.

(2) They stayed with us for six weeks.

(3) She's going to America for three months this summer.

(4) He is very pleased with his new car.

(5) Their living-room is very big: it is 10 metres long and 5 metres wide.

(6) Add a spoonful of milk.

(7) I saw a girl with blue eyes and glasses go in.

(8) There were a lot of people on the bus this morning.

(9) There is nothing interesting in the papers today.

(10) I can't find the teaspoons.

(11) He is the most famous man in France at the moment.

(12) I thought it was already 10 o'clock: my watch is ten minutes fast.

(13) I have never seen it at the cinema but I saw it on television the other day.

(14) I haven't seen her since last week.

(15) They say that one child out of five cannot read.

(16) Don't stay too long in the sun!

(17) I am always very pleased to see her; that's why I have invited her for Xmas.

(18) I speak as a father.

(19) I have lived in the same house for twenty years.

(20) In my opinion, she should take a holiday.

Score: ... x 5

c) **Fill in the gaps in the following sentences with the relevant preposition.**

(1) Elle habite —— troisième étage.

(2) J'ai acheté une voiture d'occasion —— mon frère, pour l'aider dans ses affaires.

(3) —— le mauvais temps, la foule est venue accueillir la vedette à l'aéroport.

(4) Elle a peur de conduire —— son accident.

(5) —— exploits des champions d'autrefois, ce record n'a vraiment rien d'extraordinaire.

(6) Elle a eu une réaction difficile —— expliquer.

(7) C'est un homme passionnant, et je suis vraiment content —— l'avoir rencontré.

(8) Je ne me couche jamais —— minuit; je n'arrive pas à m'endormir tôt.

(9) Il est plus prudent de vérifier les pneus —— prendre la route.

(10) —— avoir vu la pièce, j'ai eu envie de visiter les Etats-Unis.

(11) Elle a pris un carnet —— sa poche et elle a noté le numéro de téléphone.

(12) Le vin est meilleur si on le boit —— les verres qui conviennent.

(13) Au cinéma, j'étais assise —— quelqu'un —— très grand et je n'ai rien vu.

(14) Je conduis —— quinze ans, et —— ici je n'ai jamais eu d'accident.

(15) —— son père, elle est beaucoup trop jeune —— sortir le soir.

(16) Je suis très fâché —— elle, car elle m'a parlé —— un ton très désagréable.

(17) Les impôts sur le revenu ont baissé —— le gouvernement conservateur.

(18) L'accident a eu lieu —— mes yeux, et malheureusement je n'ai rien pu faire.

(19) Il a —— soixante-dix ans, mais il continue —— faire
beaucoup de sport et —— courir le marathon.

(20) J'ai un comprimé à prendre quatre fois —— jour.

Score: ... x 5 〇

d) Translate the above sentences into English.

Score: ... x 5 〇

8 Conjunctions

a) Complete the following sentences, using the conjunction most suitable from the list below.

ni...ni   pourtant   or   car   mais
aussi   ou...ou   alors   toutefois   soit...soit

    (1) Elle ne parle pas beaucoup, —— elle est très timide.
    (2) Elle a la grippe, —— elle va travailler quand même.
    (3) Les Legrand ont été cambriolés dans la nuit. ——, on a vu un individu suspect près de la maison hier soir.
    (4) Je ne la connais pas très bien. ——, j'ai l'impression qu'elle est très intelligente.
    (5) Elle n'avait pas l'air très enthousiaste, —— n'ai-je pas insisté.
    (6) —— ses parents —— ses amis n'ont réussi à la convaincre.
    (7) Vous pouvez payer —— par chèque, —— avec la carte bleue.
    (8) Elle se reposait, —— je n'ai pas voulu la déranger.
    (9) Il ne peut y avoir que deux raisons à son silence: —— elle est malade, —— elle ne souhaite pas nous revoir.
    (10) Elle s'est perdue en route. ——, je lui avais donné des indications très précises.

Score: ... x 10

b) Rewrite the following sentences, using the conjunctions in brackets, as shown in the examples.

Elle n'avait pas fini son travail. Elle n'est pas sortie. (comme)
Comme elle n'avait pas fini son travail, elle n'est pas sortie.

Je viendrai te chercher vers 8 heures. Je ne suis pas retenu au
bureau. (à moins que)
Je viendrai te chercher vers 8 heures, à moins que je ne sois
retenu au bureau.

(1)   Ce programme a commencé il y a trois semaines.
      Depuis, les indices d'écoute n'ont cessé d'augmenter.
      (depuis que)

(2)   Ils vont attendre; quand il aura passé tous ses examens,
      ils se marieront. (jusqu'à ce que)

(3)   Quand tu auras de ses nouvelles, téléphone-moi tout de
      suite. (aussitôt)

(4)   Il n'arrive pas à trouver du travail. Pourtant, il a
      beaucoup de diplômes. (bien que)

(5)   Le gouvernement va adopter de nouvelles mesures.
      Grâce à celles-ci, le chômage va diminuer. (pour que)

(6)   Demain, nous allons passer la journée à la campagne,
      s'il ne pleut pas. (pourvu que)

(7)   Je préfère ne pas l'inviter. Elle refuserait sûrement,
      je le crains. (de peur que)

(8)   Il va faire son possible pour nous aider. Il me l'a dit.
      (que)

(9)   Elle est intelligente, mais son frère l'est encore plus.
      (que)

(10) N'arrivez pas trop tard. Ainsi, nous aurons tout notre
      temps pour visiter l'exposition. (de sorte que)

Score: ... x 10

9 Numbers and Quantity

a) Write the following numbers in full.

4 14 15 40 50 17 19 71 73 79 80 95 99 101 120
123 500 1312 100000 789500

Score: ... x 5 ◯

b) Complete the following sentences, writing the correct ordinal number in full, as shown in the examples.

C'est le (1) jour des vacances et il pleut!
C'est le premier jour des vacances et il pleut!

Il y a une place libre au (8) rang, sur la droite.
Il y a une place libre au huitième rang, sur la droite.

(1) C'est la (1) fois que je le vois.
(2) Nous allons partir en France le (5) jour des vacances.
(3) Nous avons organisé une petite fête: c'est son (60) anniversaire.
(4) C'est le printemps! Les (1) fleurs sont apparues dans le jardin.
(5) Ils se sont mariés en 1968: c'est leur (26) anniversaire de mariage.
(6) L'année dernière, on a fêté la (1000) représentation de la pièce.
(7) Le supermarché a offert des vacances gratuites à sa (100) cliente.
(8) C'est sa (2) crise cardiaque: il devrait faire attention!
(9) C'est à Cannes, dans le Midi de la France, que se sont tenues les (41) Rencontres Cinématographiques.

(10) Il s'est marié tard: il était dans sa (39) année.

Score: ... x 10   ◯

c) Write the following fractions, sums and proportions in full.

(1) 2/3	**(6)** 10.4
(2) 3/10	**(7)** 13 + 7
(3) 1/20	**(8)** 9 x 4
(4) 1/2	**(9)** 48 ÷ 8
(5) 3.5	**(10)** 9/8

Score: ... x 10   ◯

d) Translate the following sentences into French.

(1) In the middle, the lake is nearly 4 metres deep.

(2) The living room is 3 metres high and 20 metres long.

(3) This plank is 3cm thick.

(4) It's not very far to my school. We don't need to take the car.

(5) Our house is 2.5 km from the town centre.

(6) Her present cost me 200 francs.

(7) How much did you pay for these shoes?

(8) I have seen some strawberries in the market, but they cost 13 francs a kilo. The melons cost 4F50 each.

(9) How much do all these things come to?

(10) In England, good wine costs at least £3 a bottle.

Score: ... x 10   ◯

e) In each case, choose the appropriate expression of quantity and rewrite the completed sentence.

(1) J'habite cette région depuis 10 ans, mais je n'ai jamais vu (trop de / un peu de / autant de) neige!

(2) Depuis quelques mois, je n'ai plus le temps de sortir ou de voir mes amis: j'ai (assez de / trop de / moins de) travail.

(3) (La plupart / plus d' / peu d') enfants aiment le chocolat et les bonbons.

(4) Si vous voulez vivre longtemps, il vaut mieux manger (assez de / plus de / peu de) beurre ou de crème, et ne pas boire (plus de / tellement de / trop de) vin.

(5) (La plupart du / beaucoup de / trop de temps, je prends ma voiture pour aller travailler.

(6) J'ai acheté une paire (de / des) chaussures hier mais malheureusement elles sont trop petites.

(7) Voulez-vous une tasse (de / du) café avant de partir?

(8) J'aime le vin, mais je (le / en) bois peu.

(9) Combien de chocolats est-ce qu'elle a mangés? (Elle a / Elle les a / Elle en a) mangé une douzaine.

(10) J'ai gagné beaucoup d'argent dans ma vie, mais (je l'ai / j'en ai) aussi beaucoup dépensé.

Score: ... x 10

10 Expressions of Time

a) **Write out the following times in full, using the 12-hour clock.**

Examples:

It is 9 am. Il est neuf heures du matin.

It is 10 pm. Il est dix heures du soir.

(1) It is 1 am.
(2) It is 2.15 am.
(3) It is 11.50 am.
(4) It is 3.37 pm.
(5) It is 12.06 pm.
(6) It is 11.45 pm.
(7) It is 12.25 am.
(8) It is 4.30 am.
(9) It is 8.25 pm.
(10) It is 9.40 pm.

Score: ... x 10

b) **Write out the following times in full, using the 24-hour clock.**

Examples:

It is 11.12 am. Il est onze heures douze.

It is 13.12 pm. Il est treize heures douze.

(1) It is 20h13
(2) It is 14h30
(3) It is 23h02
(4) It is 17h15
(5) It is 18h18
(6) It is 22h19
(7) It is 6h25
(8) It is 15.40
(9) It is 21.58
(10) It is 13.05

Score: ... x 10

c) **Write the dates mentioned in the following sentences in French and in full.**

Examples:

Ils se sont mariés le 1/1/78.

Ils se sont mariés le premier janvier mil neuf cent soixante dix-huit.

Ils sont revenus de vacances le 19/8.

Ils sont revenus de vacances le dix-neuf août.

    (1)   Son anniversaire est le 16/3.

    (2)   Il est né le 23/4/1948.

    (3)   Je suis arrivée en France le 2/10/1972.

    (4)   L'année scolaire commence le 15/9.

    (5)   Le traité a été signé le 1/2/1698.

    (6)   Le 31/12, en France, on célèbre le Réveillon du Jour de l'An.

    (7)   Il a eu cinquante ans le 26/6.

    (8)   L'Armistice a été déclarée le 11/11/1918.

    (9)   Le 25/12, toute la famille vient déjeuner à la maison.

    (10) Le 14/7, c'est la Fête Nationale en France.

Score: ... x 10

d) **Fill in the gaps in the following sentences, using the appropriate word or phrase from the list below.**

les années soixante   au plus tard   en retard   la journée
le lendemain   il y a   une heure passée   la matinée
passe son temps à   soirée

    (1)   J'ai passé —— à écrire des lettres.

    (2)   Nous avons passé une excellente —— au théâtre hier soir.

(3) Je passerai te voir dans ——, je ne sais pas à quelle heure exactement.

(4) Je suis arrivé ——, et j'ai manqué le début du concert.

(5) Lundi soir, je me suis couché très tard. ——, je ne me suis pas réveillé pour aller travailler.

(6) Il faudrait arriver à la gare à cinq heures et quart ——, si nous ne voulons pas rater le train.

(7) —— quinze jours. je suis tombée dans l'escalier. Depuis, j'ai mal à la cheville quand je marche.

(8) Il est —— et il n'est toujours pas là. Je me demande ce qui lui est arrivé.

(9) Elle —— lire des magazines au lieu de faire ses devoirs.

(10) Dans ——, j'étais étudiante à Paris. Tout cela semble très loin maintenant!

Score: ... x 10

11 The Sentence

a) Make up sentences with the words given below. In each case, as in the examples given, you will have to: put the words in the right order, add some extra words, and put the verbs into the right tense and person.

Examples:

Nous / manger / restaurant / très bien / hier / italien.
Hier, nous avons très bien mangé dans un restaurant italien.

Demain / robe / acheter pour / soie / ma soeur / le mariage / aller / blanche / je.
Demain, je vais acheter une robe en soie blanche pour le mariage de ma soeur.

   (1) Maison / je / dont / décider / parler / te / nous / d'acheter.
   (2) Téléphone / mon sac / sonner / poser / a peine / que.
   (3) Pas du tout / il / français / aussi / parler / content / être / notre aide / de.
   (4) Déménager / cet été / aller / nous / peut-être.
   (5) Pays / le passé / dont / être / très riche / c'est.
   (6) Je / avoir / dont / les parents / une amie / maison / le mois dernier / dans le sud de la France / acheter.
   (7) Nombre / affirmer / Le Ministre des Transports / diminuer / d'accidents de la route.
   (8) Cuir / année / acheter / dernier / Espagne / vacances / être / quand / très / sac / beau.
   (9) Je / le bracelet / donner / perdre / mon mari / mon anniversaire / argent.
   (10) Vieux / avoir / disques / je / mais / leur / quand / déménager / vendre / je / les / je de jazz.

Score: ... x 10

b) Fill in the gaps in the following sentences with the appropriate words / phrases from the list below.

ne...jamais   ne...rien   ne...guère   ni...ni   ne...aucun(e)
ne...pas   ne...que   ne...personne   ne...nulle part   ne...plus

(1) Elle a changé de quartier: elle —— habite —— près de l'Opéra depuis septembre dernier.

(2) J'essaie de la contacter depuis quinze jours mais elle —— répond —— au téléphone.

(3) Pas étonnant qu'elle soit si maigre: elle —— mange ——, ou presque.

(4) Avant son accident, elle voyageait beaucoup, mais maintenant elle —— va —— .

(5) Pour le moment, nous venons d'arriver dans la région et nous —— connaissons —— .

(6) Je l'ai recontrée une ou deux fois et je —— la trouve —— sympathique.

(7) Elle —— a —— seize ans mais elle est déjà excellente musicienne.

(8) Mon mari voudrait aller travailler à l'étranger mais je n'ai vraiment —— envie de quitter La France.

(9) Je —— ai —— le temps —— l'argent nécessaire pour apprendre à jouer au golf.

(10) —— me demande —— de te prêter de l'argent: je n'en ai pas!

Score: ... x 10 ◯

c) Position the negations in brackets correctly in the following sentences, so that the new sentences make sense. In some cases, the negative word will replace a word in the original sentence.

Examples:

J'aime beaucoup le Bordeaux. (ne...pas)
Je n'aime pas beaucoup le Bordeaux.

Elle sort le soir: c'est très dangereux maintenant. (ne...plus)
Elle ne sort plus le soir: c'est très dangereux maintenant.

Il y avait du monde dans les grands magasins. (ne...personne)
Il n'y avait personne dans les grands magasins.

    (1) Moi, j'ai visité Paris. (ne ... jamais)
    (2) Ils sont rentrés des Etats-Unis. (ne ... pas encore)
    (3) Quelqu'un a téléphoné aujourd'hui. (personne)
    (4) J'ai eu un ou deux problèmes. (aucun)
    (5) J'aimerais mieux le savoir. (ne ... pas)
    (6) Finalement, j'ai décidé de retourner là-bas. (ne ... jamais plus)
    (7) Je la lui ai donnée. (ne ... pas)
    (8) Il y a quelqu'un chez eux à cette heure-ci. (ne ... personne)
    (9) Elle en a acheté une. (aucune).
    (10) Je vois des gens. (ne...plus personne)

Score: ... x 10   ◯

d) Translate the following sentences into French.

    (1) Did you like the film? — Not much.
    (2) She's going, but I'm not.

(3) He never talks to anyone.
(4) We've never gone back.
(5) I never saw him or his sister again.
(6) I never drink wine at lunch time.
(7) Many children only ever eat burgers and chips.
(8) The four-day working week? Not a very original idea!
(9) I didn't understand what he said, did you? — No, neither did I.
(10) He's happy living in the country, but I'm not.

Score: ... x 10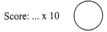

e) Ask the relevant questions which would elicit the answers below, as in the two examples given. Most of these sentences are very open-ended, so you can ask any questions you want, provided they will fit the given answer. Whenever possible, give all three different ways of asking the same question.

Examples:

Answer: J'ai mangé des céréales avec du lait.
Question: Qu'est-ce que tu as mangé au petit-déjeuner ce matin?

Answer: Elle est à 300 mètres.
Question: Où se trouve la poste? /
Où est-ce que la poste se trouve? /
Où la poste se trouve-t-elle?

(1) Il arrive à quinze heures quinze.
(2) J'ai mal à la tête.
(3) Oui, très bien, merci. C'était un excellent repas.
(4) Non, elle est sortie, mais elle va revenir bientôt.
(5) Non, j'étais trop fatiguée. Je suis restée à la maison.

(6) Non, une fois tous les deux ans seulement. Le voyage est trop cher.

(7) En taxi avec une amie.

(8) La semaine dernière.

(9) Non, pas encore. Je vais le lire en vacances.

(10) Non, mais j'espère faire sa connaissance bientôt.

Score: ... x 10 ◯

f) Turn the direct questions below into indirect questions, as in the examples given.

Examples:

Ça s'est passé comment? Je ne comprends pas!
Je ne comprends pas comment ça s'est passé!

Il va venir? Demande-lui.
Demande-lui s'il va venir.

(1) Pourquoi est-ce qu'il n'est jamais revenu? Je ne sais pas!

(2) Ils doivent se dépêcher. Dis-leur!

(3) Pourquoi est-ce que les trains ont autant de retard? Je me le demande!

(4) Où est-ce que l'autobus s'arrête? Montre-lui!

(5) Comment est-ce qu'on téléphone à l'étranger? Explique-moi!

(6) Où avez-vous rangé mes livres? Dites-le moi!

(7) Comment a-t-il fait pour se casser une jambe? Je ne comprends vraiment pas!

(8) Quand est-ce que vous avez acheté la maison? Rappelez-moi.

(9) A quelle heure part le bateau? Je ne sais pas.

(10) Pourquoi est-ce que vous avez changé d'avis si
brusquement? Expliquez-moi.

Score: ... x 10

g) Translate the following sentences into idiomatic English.

(1) Tu étais très fatiguée, hein?

(2) C'est délicieux, non?

(3) Tu téléphoneras, hein?

(4) Elle voulait rentrer chez elle, n'est-ce pas?

(5) Vous avez un frère? — Oui.

(6) Vous avez entendu parler de Gérard Depardieu? —
Oui, bien sûr.

(7) Vous vous êtes bien amusés? Non, pas du tout.

(8) Vous allez venir nous voir l'été prochain? — J'espère.

(9) Il parle français? Je ne crois pas.

(10) Il est professeur. Elle aussi.

Score: ... x 10

12 Translation Problems

a) Translate the following sentences into French.

(1) English society must cope with today's problems.
(2) I prefer holidays abroad.
(3) Prices rise every year.
(4) Children do not respect teachers as much as they used to.
(5) At school, I prefer history and maths.
(6) Have they got beautiful children?
(7) Do you drink wine? — No, I hate wine.
(8) I would love to drink some Champagne, but Champagne is very expensive.
(9) Queen Cleopatra was very beautiful.
(10) Alcohol and disease are responsible for many deaths in that part of the world.

Score: ... x 10 ◯

b) Fill in the gaps in the following sentences.

(1) De nos jours, les enfants obéissent rarement —— leurs parents.
(2) Je lui écris, mais il ne répond jamais —— mes lettres.
(3) J'ai vu les Legrand hier: le fils ressemble beaucoup —— son père.
(4) Elle joue —— tennis régulièrement: c'est pour ça qu'elle est si mince.

(5) Il joue —— violon depuis l'âge de 5 ans.

(6) Il est dangereux de se fier —— apparences. Elles sont souvent trompeuses.

(7) Je préfère téléphoner —— ma famille et mes amis: je n'ai pas le temps d'érire des lettres.

(8) Le docteur m'a prévenu: si je ne renonce pas —— fumer, je ne vivrai pas longtemps.

(9) Il est très difficile pour les enfants de résister —— la publicité, surtout à la télévision.

(10) Il te —— a dit?

(11) Oui, je —— sais depuis longtemps.

(12) Quand j'ai besoin —— argent, j'en emprunte —— ma soeur. Elle est très généreuse!

(13) Je ne peux rien cacher —— mes parents: ils devinent tout!

(14) Demandez des renseignements —— cet agent de police.

(15) Autrefois, les femmes se brossaient —— cheveux cent fois matin et soir.

(16) Cette lumière est trop forte: elle —— fait mal —— yeux.

(17) J'achète toujours des fleurs —— ce fleuriste: ses roses sont magnifiques.

(18) Je ne peux plus faire de ski depuis que je —— suis cassé —— jambe il y a trois ans.

(19) J'ai vu un documentaire sur le transport des animaux qui a ôté le goût de manger de la viande —— beaucoup de spectateurs.

(20) C'est un plaisir de la rencontrer: elle a toujours le sourire —— lèvres.

Score: ... x 5   ◯

c) Translate into French.

   (1) I think she'll come tomorrow.
   (2) He's the man I saw yesterday at that dinner I told you about.
   (3) Have you seen the dress I bought on Saturday?
   (4) I thought you wanted to stay at home.
   (5) I hope you're well.
   (6) She said she would write.
   (7) I'm sure you'll manage.
   (8) The meal we had yesterday was delicious.
   (9) I suppose you know she won't come back?
 (10) That's the coat I want.

Score: ... x 10

d) Translate the following sentences into French.

   (1) It was a very tiring journey.
   (2) I heard them laughing and enjoying themselves.
   (3) You should not judge without knowing the truth.
   (4) Stop worrying.
   (5) I don't like dancing much.
   (6) We enjoy going to the theatre.
   (7) I'm not used to swimming when it is so cold.
   (8) I intend to go on working for as long as possible.
   (9) Drinking and driving is not a very good idea.
 (10) I ended up going on foot.
 (11) She hasn't finished talking.
 (12) He greeted his guests smiling.
 (13) I watched him reversing the car into the wall.
 (14) I get used to travelling, although it is very tiring.

(15) Working while bringing up children requires a lot of energy and organization.

(16) Car racing is a dangerous sport.

(17) It's no use complaining: you should have been more careful.

(18) Do you fancy eating out tonight?

(19) Check your tyres before setting off in the car.

(20) I am not really interested in working in a bank.

Score: ... x 5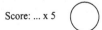

e) Cherchez l'erreur: Spot the mistake! There is at least one mistake per sentence below, and there are 15 mistakes in all for you to find. See if you can correct them all!

(1) Je peux entendre les enfants jouant.

(2) Je préfère écouter à de la musique classique.

(3) Ils peuvent nager depuis trois ans: c'est leur père qui les a appris.

(4) J'ai beaucoup de mal à se réveiller dans le matin.

(5) Sur le samedi, en général, je vais danser.

(6) J'ai cherché partout pour mon stylo mais je ne peux pas le trouver.

(7) Je lui ai écrit plusieurs fois mais il ne répond jamais mes lettres.

(8) J'espère pour une augmentation le prochain mois.

(9) Les transports marchent très mal: en général j'attends pour l'autobus.

(10) J'ai de la chance: j'habite trois kilomètres seulement du bureau.

Score: ... x 10

f) In each of the following sentences, decide which is suitable: *il est*, *elle est*, **or** *c'est*, **and fill in the gaps accordingly.**

Examples:

Tu as vu sa chambre? - Oui, —— très petite.
Tu as vu sa chambre? - Oui, elle est très petite.

—— possible que je vienne.
Il est possible que je vienne.

(1) J'ai rencontré sa femme récemment. —— très belle.
(2) Il a beaucoup de succès auprès des électeurs, et surtout des électrices. —— un très bel homme.
(3) Il inspire confiance à ses malades. —— un très bon médecin.
(4) J'adore me promener dans les villes la nuit: —— beau!
(5) —— trop tard pour changer d'avis: il faut partir.
(6) Pierre nous a invités dans sa maison de campagne pour les vacances: —— génial!
(7) En ce moment j'essaie de trouver du travail: —— difficile!
(8) J'adore Paris: —— une belle ville!
(9) —— facile de trouver un appartement à Paris si on a de l'argent.
(10) Le français, —— une langue relativement facile à apprendre.

Score: ... x 10

g) Complete the following sentences using the expressions given below and putting the verbs in these phrases into the appropriate tense or person.

Examples: avoir faim   avoir soif

Arrêtons-nous dans un café: j' ——.
Arrêtons-nous dans un café: j'ai soif.

Elle voudrait bien maigrir, mais c'est difficile: elle —— toujours ——.

Elle voudrait bien maigrir, mais c'est difficile: elle a toujours faim.

avoir peur faire beau avoir ... ans aller mieux avoir tort il y a du vent faire chaud avoir raison il y a des nuages avoir honte

(1) Je l'ai vue hier: elle —— beaucoup —— maintenant.

(2) Ouvre la fenêtre: il —— trop ——.

(3) Je ne crois pas que le beau temps va durer: ——.

(4) Il veut absolument l'épouser, mais à mon avis il ——.

(5) Elle m'assure qu'il n'y a aucun danger, mais j' —— qu'elle ne se trompe.

(6) Elle a fait beaucoup de bêtises récemment, et maintenant elle ——.

(7) De nos jours, les jeunes veulent profiter de la vie au maximum, et je trouve qu'ils —— bien ——.

(8) Elle —— presque ——, mais elle n'en paraît que 25 ou 30.

(9) J'adorerais habiter dans le Midi de la France, car —— y —— toujours ——.

(10) C'est le temps idéal pour faire de la voile: il fait du soleil et ——.

Score ... x 10

h) Translate the following sentences into English.

(1) J'habite en Angleterre depuis douze mois.
(2) Elle traversait la rue quand l'accident est arrivé.
(3) Je ne me sentais pas très bien hier.
(4) En ce moment elle travaille dans une école.
(5) Je crois qu'il a du mal à trouver un nouveau travail.
(6) Je fais de gros efforts pour finir ce travail le plus vite possible.
(7) On lui demande de faire des sacrifices, et ça ne lui plaît pas.
(8) Vous me traitez de menteur?
(9) Où est-ce que vous passerez vos vacances cette année?
(10) Nous espérons aller en Amérique l'été prochain.

Score: ... x 10

i) Translate the following sentences into French.

(1) I don't have any money.
(2) She doesn't want any salad.
(3) He doesn't like anybody.
(4) I don't want any.
(5) She doesn't have any left.
(6) Have you got any?
(7) Do you know any?
(8) Do you want any wine?
(9) Do you need any help?
(10) Have you had any soup?
(11) I'll have any one, I don't mind.
(12) Buy any pair of shoes, they are all in the sales.
(13) Any mother will understand what I mean.
(14) You can ring me any time, any day. I'll be there.
(15) You can't trust anybody, these days.

(16) I'll go anywhere, I don't mind.
(17) Anyone can enter the competition.
(18) She never goes anywhere without her dog.
(19) I saw someone go in, but nobody came out.
(20) I'll do anything to help him.

Score: ... x 5

j) Put the following sentences into the negative form, as in the examples given.

Examples:

J'ai mangé du poisson. Je n'ai pas mangé de poisson.

Elle a vu quelqu'un. Elle n'a vu personne.

(1) Elle a acheté quelque chose.
(2) J'ai téléphoné à quelqu'un
(3) Elle a gagné de l'argent.
(4) Ils ont du temps libre.
(5) Quelqu'un m'a contacté hier à ce sujet.
(6) Il a tout fait pour réussir.
(7) Ils mangent toujours des bonbons.
(8) C'est simple: elle se plaît partout.
(9) Elle est très sociable: elle parle à tout le monde.
(10) Elle joue encore du violon.

Score: ... x 10

k) Complete the following sentences by translating into French the words given in brackets, using either a possessive adjective (*ton, ta, tes, ses*, etc.) or a possessive pronoun (*le tien, la tienne, les miennes, les siens*, etc).

(1) Je ne trouve pas (my) stylo. Tu peux me prêter (yours)?

(2) J'aime beaucoup (your) photos de vacances. (Ours) ne sont pas aussi réussies.

(3) Si seulement (my) enfants travaillaient bien à l'école, comme (yours, familiar form).

(4) Nous avons acheté (our) voiture il y a cinq ans. Depuis combien de temps avez-vous (yours, polite form)?

(5) Il s'occupe de (her) enfants comme si c'était (his).

(6) (My) robe vient d'un grand magasin. Anne a fait faire (hers).

(7) Monsieur, Je (you) remercie de (your) lettre du 2 avril.

(8) J'ai acheté deux gâteaux: un pour (you, familiar form) et un pour (me).

(9) Vous devriez (you) dépêcher! (Your) train part dans cinq minutes et il faut prendre (your) billets!

(10) Vous avez de la chance: vous (you) entendez tellement bien, (you, familiar form) et (your, familiar form) frère!

Score: ... x 10 ◯

l) Translate the following sentences into French.

(1) These garden chairs are very comfortable.

(2) There's going to be a snow storm.

(3) He likes war films best.

(4) Have you visited Buckingham Palace?

(5) I think it is the biggest toy shop in London.

(6) My parents' friends are coming this week-end.

(7) I often listen to my brother's records when he's away.

(8) We are going to the Dubois's for dinner tonight.

(9) Where is yesterday's paper?

(10) I must go to the chemist's before 6 o'clock.

(11) I often go to her house.

(12) I like staying at home on Sundays.

(13) I love reading the Sunday papers in bed.

(14) One of my mother's friend's mother is going to sell me her car.

(15) If I had a lot of money, I would buy a race horse.

(16) She's spending the night at her friend's.

(17) Close the garage door!

(18) I was at my grandmother's when he rang.

(19) I found this newspaper article in John's desk.

(20) This year's fashion does not suit me at all.

Score: ... x 5

---

m) Put the verbs in brackets into the past infinitive, as in the example:

Example:

Nous sommes allés au restaurant après (voir) un film.

Nous sommes allés au restaurant après avoir vu un film.

(1) J'étais très fatiguée hier après (rentrer) du travail.

(2) Il était vraiment de bonne humeur après (recevoir) sa lettre.

(3) Je ne l'ai pas vue depuis au moins dix ans. Je regrette vraiment de la (manquer).

(4) Brigitte a téléphoné ce matin pour nous remercier de l'(inviter).

(5) Je ne me souviens pas du tout de la (rencontrer).

(6) Après (passer) son baccalauréat, elle a l'intention de voyager à l'étranger pendant quelques mois.

(7) Après (se casser) la jambe dans un accident de ski, elle a complètement arrêté de faire du sport.

(8) Après (se consulter), nous avons pris la décision de ne pas donner suite à sa demande.

(9) Après lui (parler) pendant plus d'une heure, j'espère bien la (convaincre) de prendre des vacances.

(10) Ils se sont excusés de nous (déranger) et ils sont partis tout de suite après.

Score: ... x 10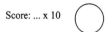

n) Translate into English the sentences in the previous exercises.

Score: ... x 10

Answers

1 Articles

A The Definite Article

a)

le café	le chauffeur	l'Italie
la région	le football	le docteur
la plage	la secrétaire	l'usine
l'été	la chambre	l'odeur
la fin	l'avion	l'Afrique
la radio	les maths	le hall
la plage	la cuisine	l'hôtel
l'uniforme	le magasin	l'automne
l'interview	le Canada	l'Europe
la géographie	les Etats-Unis	l'histoire
les Alpes	l'homme	l'hôtesse
le fromage	la peau	la nuit
le musée	la lumière	la pluie
la terre	le verre	le côté
la leçon	l'ange	le cœur

b) **(1)** Au printemps, je dois aller au Canada en voyage d'affaires. - **(2)** Il travaille depuis trois ans à l'usine de voitures. - **(3)** L'été, nous préférons aller en vacances à la mer. - **(4)** Le directeur a emmené les clients au restaurant, et ensuite ils iront à l'Opéra. - **(5)** Quand je vais à Paris, je descends toujours à l'hôtel Bristol. - **(6)** La société où je travaille se trouve aux Champs-Elysées. - **(7)** Je n'ai pas parlé au directeur, j'ai parlé à la secrétaire. - **(8)** Autrefois, les touristes allaient manger une soupe à l'oignon aux Halles; maintenant, ils vont voir des expositions au Centre Pompidou. - **(9)** J'ai donné votre adresse à l'homme qui a téléphoné hier matin. - **(10)** Il doit venir nous chercher à l'aéroport à l'heure convenue. - **(11)** Il a un poste important:

c'est le représentant de la France aux Nations Unies. - **(12)** Une jeune fille a donné un bouquet au héros de la course. - **(13)** Leurs enfants ont appris l'anglais à l'école bilingue de Genève. - **(14)** Mon frère travaille depuis cinq ans a l'étrnger - **(15)** Elle est pendue au téléphone du matin au soir.

c) **(1)** Paris est la capitale de la France. - **(2)** La secrétaire est dans le bureau du directeur, avec le représentant des établissements Boussac. - **(3)** Cette usine est l'une des plus importantes de la région. - **(4)** L'industrie automobille japonaise est sans doute la plus solide du monde. - **(5)** Le nombre des chômeurs a beaucoup augmenté ces dernières années. - **(6)** L'unité de l'Europe doit se faire rapidement. - **(7)** Le sommet des états européens doit avoir lieu au début de l'hiver. - **(8)** Le Président a encore souligné l'importance de l'équilibre européen. - **(9)** On espère une baisse de l'inflation et une augmentation du pouvoir d'achat pour la rentrée. - **(10)** Le personnel des aéroports est en grève illimitée. - **(11)** A la demande des habitants de l'île, le stationnement des voitures a été limité à partir de 6 heures du soir. - **(12)** La connaissance de l'anglais est essentielle de nos jours, dans tous les pays du monde, particulièrement dans le domaine du marketing, des affaires et de la finance.

d) **(1)** La grammaire anglaise est plus facile que la grammaire française. - **(2)** Je n'aime pas le jazz. Je préfère la musique classique. - **(3)** En France, les banques sont ouvertes jusqu'à quatre heures et demie. - **(4)** Je déteste le ski: l'année dernière dans les Alpes je me suis cassé la jambe le premier jour des vacances! - **(5)** La France et la Grande-Bretagne ne sont pas toujours d'accord sur l'Europe. - **(6)** J'adore la cuisine française et le vin français, mais les Français boivent beacoup de café, et le café me donne mal à la tête. - **(7)** Vous le reconnaîtrez facilement: il a les cheveux blancs, les yeux bleus, et il aura un chapeau sur la tête et un journal à la

main. - **(8)** Pauvre Jean-Pierre! Il travaille toujours le
samedi. - **(9)** De nos jours, les élèves étudient la politique et
la religion à l'école. - **(10)** Le président Mitterrand et le
Premier Ministre Major iront en Hollande le mois prochain. -
(11) Ils parleront de l'unité eurpéenne. - **(12)** La reine
Elisabeth II habite à Buckingham Palace. Le président
Clinton habite à la Maison Blanche.

B The Indefinite Article

a) **(1)** C'est un très bon docteur/médecin. - **(2)** Son père est
professeur, sa mère est secrétaire. - **(3)** Gérard Depardieu,
grand acteur français, était à la télévision hier. - **(4)** Il a
accueilli la nouvelle avec un grand courage. - **(5)** Elle a dit
des choses surprenantes. -**(6)** Quel désastre! Il y a des
centaines de gens sans toit/maison/abri. - **(7)** Quel désordre!
Il y a des papiers et des verres vides partout! - **(8)** Ce sont des
hommes et des femmes remarquables. - **(9)** J'aimerais des
réponses à mes questions. - **(10)** Elle voudrait des enfants,
mais il préfère les chiens.

C The Partitive Article

a) **(1)** C'est le week-end: je dois aller chercher de l'argent à la
banque. - **(2)** Dans notre groupe, il y avait des Français, des
Allemands, plusieurs Italiens et surtout des Japonais. -
(3) L'eau minérale coûte presque aussi cher que le vin. -
(4) Les Français accordent beaucoup d'importance à la bonne
cuisine. - **(5)** La bière belge est une des meilleures du
monde. - **(6)** Les Allemands boivent surtout de la bière
blonde. - **(7)** L'argent ne fait pas le bonheur. - **(8)** Dans
certaines pays, il vaut mieux ne boire que de l'eau minérale. -
(9) Le café m'empêche de dormir, alors en général je bois du
thé. - **(10)** J'ai besoin de renseignements sur la région des
Lacs. - **(11)** Je n'ai pas assez de temps pour écrire des lettres.

J'ai trop de travail. - **(12)** Je préfère donner des coups de téléphone.

b) **(1)** Elle n'a pas de chance: elle n'a pas eu d'augmentation de salaire. - **(2)** Il n'a pas de problèmes dans son travail. - **(3)** L'école n'organise pas de séjours linguistiques. - **(4)** Elle n'a jamais de retard. - **(5)** Nous n'avons pas de réservation. - **(6)** Il n'y a pas d'avion pour Madrid ce matin. - **(7)** Les pays européens n'ont pas de politique économique commune. - **(8)** Paris n'a pas d'espaces verts. - **(9)** Je n'ai plus d'argent: je ne peux pas prendre de taxi. - **(10)** Le gouvernement n'a pas trouvé de solution au problème de la pollution industrielle.

2 Nouns

A Gender

a)

le boulanger	la personne	la santé
le bonheur	le lion	la voix
la Tamise	l(a)'école	le communisme
la faim	le musée	l(e)'écrivain
la bonté	le rêve	le dimanche
le charme	la grève	le pommier
la puissance	la boisson	le professeur
l(e)' uniforme	la gloire	l(e)'auteur
le théorème	le lycée	la mer
la soif		

b)

la nation	la victime	la cuiller
la soirée	la lumière	la cour
la terre	le monde	l(a)'eau
le tonnerre	la loi	le médecin
la danse	le mois	la prison
la peur	le zèle	le phénomène
le verre	la dent	le portefeuille
la feuille		

B The Formation of the Feminine

a)

une Française	un chirurgien (no feminine) or:	
	une femme chirurgien	
une cousine	un médecin (no feminine) or:	
	une femme médicine	
une étudiante	une danseuse	une comtesse
une cuisinière	une reine	une vieille

une Italienne une Allemande une déesse
une chanteuse une tourterelle une voisine
une fille une fermière une
une soeur une actrice   pharmacienne
une folle une jument une chienne
une héroïne une femme une nièce
une maîtresse une prisonnière une directrice
une boulangère une chatte une duchesse
une vendeuse une institutrice une princesse
une amie une jumelle une poule
une belle-mère

C The Formation of the Plural

a) les Anglais   Mesdemoiselles   les travaux
les époux   les choux-fleurs   les filles
les choix   les luxes   les cadeaux
les gouvernements   les thés   les chevaux
les professeurs   Mesdames   les oiseaux
les jeux   les hôtels   les œufs
les fils   les prix   les pneus
les eaux   les bijoux   les chevaux
les journaux   les drames   les trous
Messieurs   les festivals   les genoux
les hommes   les apéritifs   les radis
les cris   les pays   les fous
les yeux   les os   les clefs
les fois

D Collective Nouns/Nouns Which are Plural in French and Singular in English and Vice Versa

a) **(1)** La police recherche un homme aperçu près du lieu du crime. - **(2)** La famille a refusé de répondre aux questions des journalistes. - **(3)** Le gouvernement est responsable du taux d'inflation élevé. - **(4)** Le bétail a dû être abattu en raison/à cause de la maladie. - **(5)** Les informations/nouvelles sont très inquiétantes en ce moment. - **(6)** Ce pantalon ne me va pas. - **(7)** Son pyjama est trop petit pour lui. - **(8)** Les meubles sont trop grands pour la pièce. - **(9)** Tous les bagages ont été vérifiés à l'aéroport. - **(10)** Le raisin est très cher dans ce pays. - **(11)** Nous passons toujours des vacances formidables quand nous allons en France. - **(12)** Les échecs sont un jeu très difficile.

3 Adjectives

A Agreement of Adjectives

a) une plaisanterie amusante
de belles sculptures
mes nouvelles amies
les voitures neuves
des conversations serètes
de mauvaises nouvelles
des chaussures neuves
une cruelle maladie
la dernière fois
des femmes heureuses
une voix douce
une jeune fille rousse
mon émission favorite
de vieilles maisons
l'histoire ancienne
de l'eau fraîche
une fille gentille
une longue attente

des apparences trompeuses
une robe blanche
une vie très active
une meilleure santé
une attitude positive
des accidents fatals
des enfants normaux
une petite fille
des hommes brutaux
une chance folle
un bel été
un nouvel élève
un vieil hôtel
une écharpe et un manteau verts
une paix et un bonheur complets
une voiture et un appartement
  neufs
un père et une mère inquiets

B Position of Adjectives

a) **(1)** J'ai acheté un beau tableau. - **(2)** J'ai rencontré mon ancien patron hier. - **(3)** Je suis allé voir un très bon film la semaine dernière. - **(4)** C'est un grand acteur. - **(5)** Je dois écrire à ma chère mère. - **(6)** Pauvre femme! Elle est très malade. - **(7)** C'est le dernier jour des vacances. - **(8)** C'est la seule femme du groupe. - **(9)** Ils habitent dans une maison chère. - **(10)** C'est une femme grande et belle. - **(11)** J'adore les meubles anciens - **(12)** Elle a un certain goût pour les bijoux chers. - **(13)** C'est une femme très seule. - **(14)** Il y a trop de pays pauvres dans le monde. - **(15)** Tu as vu les belles maisons anciennes dans le vieux quartier? - **(16)** Il a un métier très fatigant.

C Comparative of Adjectives

a) **(1)** L'Angleterre est plus peuplée que la France. - **(2)** Le Mont Blanc est moins haut que l'Everest. - **(3)** Londres est plus grand que Paris. - **(4)** Le T.G.V. est plus rapide que les trains anglais. - **(5)** Le métro londonien est plus cher que le métro parisien. - **(6)** Les trains anglais sont plus confortables que les trains français. - **(7)** Les restaurants anglais sont plus chers que les restaurants français. - **(8)** La cuisine française est plus variée que la cuisine anglaise. - **(9)** Le taux de chômage en France est plus élevé que le taux de chômage en Grande-Bretagne. - **(10)** La France est plus étendue que la Grande-Bretagne. - **(11)** Paris est aussi pollué que Londres. - **(12)** L'histoire anglaise est aussi intéressante que l'histoire de France.

D Superlative of Adjectives

a) **(1)** Le sud-ouest est la région la plus chaude de France. - **(2)** Le football est le sport le plus populaire de Grande-Bretagne. - **(3)** Les dauphins sont les animaux les plus intelligents du monde. - **(4)** C'est l'acteur le plus célèbre de France. - **(5)** Les autoroutes françaises sont les plus chères d'Europe. - **(6)** Les voitures allemandes sont les plus solides et les plus rapides. - **(7)** Le chômage est le problème le plus grave en ce moment. - **(8)** La circulation et les grèves sont les pires problèmes pour les Parisiens. - **(9)** La grammaire allemande est peut-être la plus difficile de toutes. -

(10) La cathédrale de Chartres est sans doute la plus belle de France. - **(11)** Il y a des gens qui n'ont pas la moindre envie d'apprendre des langues étrangères. - **(12)** La chose la plus importante est d'être en bonne santé.

4 Adverbs

a)

gentiment	lentement	violemment
absolument	bien	récemment
simplement	mieux	bruyamment
vraiment	brièvement	savamment
pauvrement	mal	suffisamment
salement	gaiement	aimablement
finalement	nouvellement	souplement
énormément	précisément	• librement
prudemment	follement	heureusement
évidemment	franchement	légèrement
aveuglément	communément	dernièrement
brillamment	doucement	cruellement

b) **(1)** Il y a trop de soleil: je ne vois pas clair. - **(2)** Le patron a refusé net de parler aux employés. - **(3)** Venise sent mauvais en été. - **(4)** La France est proche de l'Angleterre, mais ça coûte cher d'aller à Paris en avion. - **(5)** Il faut travailler très dur si on veut parler français couramment. - **(6)** Ils étaient en train de parler, mais ils se sont arrêtés court quand je suis entré. - **(7)** Les enfants ne l'aiment pas, parce qu'il leur parle avec colère. - **(8)** Elle n'avait pas l'air malade: elle a parlé très joyeusement/d'une manière/voix très joyeuse au téléphone. - **(9)** Elle parle toujours avec bonheur du passé/du passé avec bonheur. - **(10)** J'ai payé cette radio cher, et elle n'a pas l'air de marcher! - **(11)** Elle voulait être chanteuse d'opéra, mais malheureusement elle chante faux. - **(12)** Le professeur a parlé sévèrement aux enfants et ils ont écouté attentivement.

c) **(1)** Je n'aime pas les gens qui parlent toujours d'argent. - **(2)** Les Français conduisent dangereusement en ville. - **(3)** Elle parle anglais et italien couramment/couramment anglais et italien. - **(4)** Vous êtes déjà allée en France? - **(5)** J'ai beaucoup voyagé, mais maintenant je préfère rester chez moi. - **(6)** J'ai vraiment besoin de prendre des vacances. - **(7)** Je l'ai souvent rencontrée mais je ne lui ai pas encore parlé. - **(8)** Elle est encore là? — Non, elle est enfin partie! - **(9)** Les Français parlent toujours beaucoup de politique. - **(10)** Nous avons attendu longtemps sa lettre/sa lettre longtemps. Il nous a enfin écrit.

d) **(1)** Maintenant, on roule moins vite qu'autrefois. - **(2)** Maintenant, nous les voyons plus rarement qu'il y a quelques années / qu'avant. - **(3)** Nous habitons plus loin qu'elle du centre ville. - **(4)** Il parle anglais aussi bien qu'elle. - **(5)** Son frère leur a écrit moins souvent qu'elle. / Elle écrit à ses parents plus souvent que lui. - **(6)** La pharmacie ferme plus tard que la librairie. - **(7)** Quinze jours à St Tropez coûte aussi cher qu'un mois en Bretagne. - **(8)** Nos amis sont montés plus haut que nous. / Nous sommes montés moins haut que nos amis. - **(9)** Il a réussi son examen plus facilement que moi. / J'ai réussi mon examen moins facilement que lui. - **(10)** Claire a parlé / parlait plus doucement que Marie. / Marie a parlé / parlait moins doucement que Claire.

e) **(1)** J'aime mieux les maths que le français. - **(2)** Les voitures japonaises coûtent moins (cher) que les voitures allemandes. - **(3)** Je parle mieux le français que l'allemand. - **(4)** J'aime moins la cuisine italienne que la cuisine française. / la cuisine italienne moins que la cuisine française. - **(5)** De nos jours les enfants regardent le télévision plus qu'avant. - **(6)** L'été est la saison que j'aime le plus. - **(7)** La Provence est la région de France que j'aime le mieux. - **(8)** L'anné dernières, l'état de l'économie était mauvais, mais cette année ça va de mal en pis. - **(9)** Je connais bien Paris et Rome: Madrid est la capitale que je connais le moins. - **(10)** Avant, les gens allaient beaucoup au théâtre, mais maintenant ils sortent moins et ils regardent plus la télévision. - **(11)** C'est elle qui a le plus souffert quand son père a quitté la maison. / le foyer. - **(12)** Je me suis le plus amusé lorsque nous sommes allés en vacances en Espagne. / C'est quand nous sommes allés en vacances en Espagne que je me suis le plus amusé. - **(13)** Il faut trouver le suspect le plus vite possible. - **(14)** Paris est une ville très fatigante: j'y vais aussi rarement que possible. - **(15)** Les automobilistes devraient boire aussi peu que possible et conduire aussi prudemment que possible.

5 Pronouns and Corresponding Adjectives

A Demonstratives

a) **(1)** Cet ordinateur est plus moderne, mais cette machine à traitement de texte est moins chère. - **(2)** Ce livre vaut vraiment la peine d'être lu. - **(3)** Cet été, je vais faire un stage dans une société américaine. - **(4)** Ces enfants apprennent le français depuis l'école primaire. - **(5)** Je n'aime pas beaucoup cet homme-là; ce genre de gens ne m'intéresse pas. - **(6)** Nous avons choisi cet hôtel, en fin de compte, car il est beaucoup moins cher que cette pension de famille. - **(7)** Rouen, Auxerre, Quimper, Dijon: toutes ces villes de province ont des zones piétonnes. - **(8)** Ces haricots verts sent vraiment délicieux! — Oui, je les ai cueillis cet après-midi dans le jardin. - **(9)** Ces gens ne parlent pas un mot de français: c'est pour ça qu'ils ne comprennent pas cette pancarte. - **(10)** Cet aéroport n'est plus assez grand pour un si grand nombre de voyageurs. - **(11)** Ces hommes d'affaires prennent cet avion toutes les semaines. - **(12)** Je n'ai pas vu cet ami depuis longtemps — heureusement, il doit venir nous voir cet hiver. - **(13)** Ces animaux ont l'air malheureux. C'est sans doute parce que leur cage n'est pas assez grande.

b) **(1)** Maintenant, c'est le métro parisien qui est plus moderne que celui de Londres. - **(2)** Nous avons déjà choisi l'école de notre fils, mais pas celle de notre fille. - **(3)** Dans les pays pauvres, les problèmes des enfants sont encore plus urgents que ceux des adultes. - **(4)** Notre maison vaut moins cher que celle de nos voisins. - **(5)** Les résultats du brevet sont excellents cette année, tandis que ceux du baccalauréat sont très décevants. - (6) Le climat du Nord de la France ressemble beaucoup à celui de l'Angleterre. - (7) D'après les statistiques, l'espérance de vie des hommes est plus courte que celle des femmes. - (8) Les parcs londoniens sont plus nombreux et plus grands que ceux de la capitale française. - (9) Je n'ai jamais perdu les clefs de mon appartement, mais je perds souvent celles de ma voiture. - (10) Vous avez vu des expositions pendant votre séjour à Paris? — Oui, j'ai vu celle du Musée d'Orsay, qui était excellente.

c) (1) C'est un trè bon docteur, très doux et calme. - (2) Vous aimez les blagues irlandaises? — Non, je dois avouer que je ne trouve pas ça drôle. - (3) Des amis m'ont invitiée à aller en Norvège avec eux, mais ça ne me / tente pas / dit rien. - (4) A son âge, il est préférable d'attendre un peu avant de se marier! - (5) Tu aimes le ski, je crois? — Oui, j'adore ça. - (6) Sa vie? C'est comme un roman! / ça ressemble à un roman! - (7) Il est très difficile de trouver quelque part où se loger / à se loger à Paris, de nos jours. - (8) Tu aimes la voiture que je viens d'acheter? — Oui, elle est vraiment très belle! - (9) Mange, ça te donnera des forces! - (10) Tu connais les Floret? — Oui, ce sont des amis à moi. - (11) Vous parlez allemand? — Oh non, c'est trop difficile pour moi! - (12) Ça ne vous dérange pas que / si j'ouvre la fenêtre? - (13) Il vaut mieux éviter la Côte d'Azur en août: il y a trop de monde. - (14) C'est une enseignante très consciencieuse, mais elle a quelques problèmes de discipline. - (15) Il faut répondre au plus vite à cette lettre: c'est très important. - (16) Je n'aime pas leur maison: c'est trop petit. / elle est trop petite. - (17) Il a une bonne situation: il est ingénieur dans une grande multinationale. - (18) Il est tard: partons ou nous allons rater le train. - (19) C'est un excellent directeur des ventes: les bénéfices ont augmenté depuis son arrivée. - (20) Ce sont de bons administrateurs, mais ce ne sont pas de trè bons hommes d'affaires.

B Indefinite Adjectives and Pronouns

a) (1) Chaque voyageur est contrôlé à la douane. - **(2)** Il a fait
plusieurs fautes dans l'exercice. - **(3)** Il m'a téléphoné il y a
quelques jours. - **(4)** Il a rencontré de tels problèmes qu'il n'a
pas continué - **(5)** Vous connaissez les gens qui sont ici
aujourd'hui? — Certains, pas tous. - **(6)** Je vois mes parents
tous les mois. - **(7)** Nous avons besoin de quelqu'un de très
compétent. - **(8)** Qu'est-ce qu'il t'a dit? - Rien de très
intéressant. - **(9)** Il y a trente élèves dans la classe, mais il y
en a plusieurs de malades. - **(10)** J'ai vu le directeur et
personne d'autre. - **(11)** Si vous ne pouvez pas m'aider, je
demanderai à quelqu'un d'autre. - **(12)** Tu as beaucoup
d'amis anglais? — J'en ai quelques uns. - **(13)** Ce roman m'a
bien plu, mais j'en ai lu d'autres qui n'étaient pas aussi
bons. - **(14)** J'adore ces pommes! — Prends-en quelques
unes! - **(15)** Personne ne sait où elle est. - **(16)** J'étais là. J'ai
tout entendu. - **(17)** J'ai attendu, mais je n'ai vu personne. -
(18) Je n'ai pas faim, je ne veux rien manger. - **(19)** Elle lit
tous les journaux du dimanche toutes les semaines. - **(20)** Je
n'ai vu aucun de ses films. — (Moi), j'en ai vu certains, mais
pas beaucoup.

b) (1) En France, on boit du vin et on mange des escargots. -
(2) Au debut elle est un peu bizarre, mais au bout d'un
moment on s'habitue à elle. - **(3)** On a frappé à la porte mais
je n'ai pas répondu. - **(4)** On m'a dit d'attendre. - **(5)** On leur
a demandé de revenir plus tard. - **(6)** On va au cinéma ou on
reste à la maison? - **(7)** Si tu vas dans cette clinique, on /
s'occupera très bien de toi / te soignera très bien. - **(8)** On ne
doit jamais désespérer. - **(9)** Ici on parle anglais. - **(10)** On ne
sait jamais, on pourrait nous demander de témoigner.

C Interrogative and Exclamatory Pronouns

a) **(1)** Quelles chaussures préférez-vous? - **(2)** Quelle voiture est-ce que tu as achetée. - **(3)** En quel mois est-ce que vous êtes né? - **(4)** J'y vais le samedi et le dimanche. - **(5)** Quel est votre métier? / Quelle est votre profession? - **(6)** Quel âge avez-vous? / a votre frère / soeur? etc. - **(7)** Quelles sont les trois villes françaises / les plus importantes? / principales? - **(8)** A / Dans quel hôtel est-ce que vous êtes descendu? / logez? / êtes? - **(9)** Quels sports est-ce vous préférez? - **(10)** Quelle est la capitale de la France?

b) **(1)** Quels accidents terribles! Il faut limiter la vitesse sur les routes! - **(2)** Qu'est-ce que vous préférez lire? Des romans ou des biographies? - **(3)** Qu'est-ce qui ne va pas? Vous êtes malade? - **(4)** Ce qui est important, c'est de ne pas perdre espoir. - **(5)** J'ai cherché à savoir ce qui s'était passé, mais il est difficile d'obtenir des informations. - **(6)** Ce que tout le monde espère, c'est que la situation économique va s'améliorer. - **(7)** Qu'est-ce qui vous plaît le plus? La France ou l'Italie? - **(8)** Il ne sait jamais ce qu'il veut. Il est incapable de prendre une décision. - **(9)** Quelles bonnes nouvelles! Je suis ravi que tu aies réussi ton examen et ton permis de conduire! - **(10)** J'aime beaucoup le Japon. Quel pays raffiné!

c) **(1)** C'est la voisine, à qui j'ai parlé hier, qui m'a renseigné. - **(2)** Laquelle de ces bicyclettes convient le mieux à un enfant de cet âge? - **(3)** Nous avons décidé d'acheter un ordinateur, mais nous ne savons pas lequel choisir. - **(4)** Lesquels trouvez-vous les plus jolis? Les villages français ou les villages anglais? - **(5)** Plusieurs villes ont été touchées par les bombardements, mais on ne sait pas encore lesquelles. - **(6)** Dans laquelle de ces maisons habite la famille Destouches?- **(7)** A laquelle de ces personnes avez-vous parlé l'autre jour? - (8) Auquel de ces hommes vous êtes-vous adressé? - (9) Je n'ai pas très bien compris à quels problèmes il faisait allusion. - (10) L'ami à qui j'ai prêté notre appartement en Bretagne doit revenir demain.

d) (1) Personne ne connaît l'homme qui a été élu président. - (2) Je suis l'homme que les travailleurs ont choisi pour les représenter. - (3) Je ne sais pas qui c'est. Je ne l'ai jamais vu. - (4) Je ne me rappelle pas tous les pays que j'ai visités, mais je suis souvent allé en France. - (5) Il y a beaucoup de gens qui vont en vacances à l'étranger, de nos jours. - (6) C'est la photo que je t'ai montrée dans le journal local il y a quelques jours. - (7) Dans quoi est-ce que tu as mis les passeports? - (8) Tu aimes bien les gens pour qui tu travailles? - (9) Le livre qu'il a écrit n'a pas encore été publié. - (10) Avec qui est-ce que tu vas en vacances cette année? - (11) A quoi est-ce que vous pensez pendant ces longs trajets sur l'autoroute? - (12) Avec quoi est-ce que tu as payé quand tu as acheté les places de théâtre? - (13) Dis-moi de quoi tu as besoin et j'irai le chercher. - (14) J'ai passé une année en France, ce qui m'a beaucoup aidé dans mes études. - (15) Il m'a dit qu'il allait aller habiter à Paris, ce que je savais déjà. - (16) Le gouvernement a adopté des mesures qui sont très impopulaires. - (17) Je ne sais pas ce qui s'est passé. Elle est partie sans dire un mot. - (18) Personne ne comprend ce qu'elle dit. Elle parle avec un très fort accent. - (19) Ce qui est important, c'est d'être bien informé sur la situation. - (20) Il parle tout le temps de voitures et de sport, ce qui m'ennuie terriblement.

D Personal Pronouns

a) (1) Je ne le trouve pas. - (2) Je l'admire beaucoup. -(3) Je leur ai donné mon adresse. - (4) Les enfants ont toujours beaucoup de questions à leur poser. - (5) Hier, je les ai cherchées partout. - **(6)** Tu devrais lui téléphoner un peu plus souvent. - **(7)** Vous leur parlez en quelle langue, anglais ou français? - **(8)** J'espère les voir lors de leur passage à Paris. - **(9)** Le ministre des finances lui a expliqué les nouvelles mesures économiques. - **(10)** Tu ne devrais jamais leur prêter ta voiture. C'est trop dangereux.

b) **(1)** Elle le leur donne.
  (2) Il nous les explique.
  (3) Je vais vous/te la montrer.
  (4) Ils vous/te la demanderont.
  (5) Porte/Portez-la lui!
  (6) Envoie/Envoyez-les nous!
  (7) Il ne veut pas nous la vendre.
  (8) Prête/Prêtez-le lui!
  (9) Elle nous les achète.
  (10) Je vous/te la rendrai la semaine prochaine.

c) **(1)** Si vous voulez des précisions, je peux vous en donner. - **(2)** J'adore la France, j'y vais plusieurs fois par an. - **(3)** Je suis très attachée à mon enfance: je n'en parle pas beaucoup, mais j'y pense souvent. - **(4)** Laissons la voiture ici: nous n'en avons pas besoin, le théâtre est tout près. - **(5)** Je pense sérieusement aller m'installer en Angleterre: j'en ai envie depuis longtemps. - **(6)** C'est ma mère qui m'a donné ce vase: fais-y attention, j'y tiens beaucoup! - **(7)** Tu as réussi à trouver un appartement, finalement? — Oui, j'y suis finalement arrivé, mais ga n'a pas été simple! - **(8)** Tu veux que je te prête mes livres de français? Je ne m'en suis jamais servi. - **(9)** Tu te rappelles le week-end que nous avons passé à Londres? — Oui, je m'en souviens très bien. - **(10)** Ne t'inquiète pas pour les billets: je m'en occupe!

6 Verbs

A Regular Conjugations

a) (1) Ils décident toujours de leurs vacances au dernier
moment. - **(2)** En été nous jouons au tennis le plus souvent
possible. - **(3)** Comment osez-vous dire une chose pareille? -
(4) Elle grossit à chaque fois qu'elle a des ennuis. - **(5)** Je te
rends ta machine à écrire: je n'en ai plus besoin. - **(6)** Chaque
année au printemps, nous choisissons d'aller nous reposer
dans un endroit calme. - **(7)** De nos jours, la plupart des gens
se nourrissent très mal. - **(8)** Parlez plus fort: il n'entend pas
très bien. - **(9)** On dit souvent que la musique adoucit les
mœurs. - **(10)** Trop souvent nous démolissons de vieilles
maisons pour ensuite le regretter.

	IMPERFECT	FUTURE	CONDITIONAL
b) (1)	j'entrais	j'entrerai	j'entrerais
	nous entrions	nous entrerons	nous entrerions
	ils entraient	ils entreront	ils entreraient
(2)	j'entendais	j'entendrai	j'entendrais
	nous entendions	nous entendrons	nous entendrions
	ils entendaient	ils entendront	ils entendraient
(3)	je descendais	je descendrai	je descendrais
	nous descendions	nous descendrons	nous descendrions
	ils descendaient	ils descendront	ils descendraient
(4)	je saisissais	je saisirai	je saisirais
	nous saisissions	nous saisirons	nous saisirions
	ils saisissaient	ils saisiront	ils saisiraient
(5)	je réfléchissais	je réfléchirai	je réfléchirais
	nous réfléchissions	nous réfléchirons	nous réfléchirions
	ils réfléchissaient	ils réfléchiront	ils réfléchiraient

	IMPERFECT	FUTURE	CONDITIONAL
(6)	je rendais	je rendrai	je rendrais
	nous rendions	nous rendrons	nous rendrions
	ils rendaient	ils rendront	ils rendraient
(7)	je tombais	je tomberai	je tomberais
	nous tombions	nous tomberons	nous tomberions
	ils tombaient	ils tomberont	ils tomberaient
(8)	j'attendais	j'attendrai	j'attendrais
	nous attendions	nous attendrons	nous attendrions
	ils attendaient	ils attendront	ils attendraient
(9)	je rougissais	je rougirai	je rougirais
	nous rougissions	nous rougirons	nous rougirions
	ils rougissaient	ils rougiront	ils rougiraient

c) (1) Il faut absolument que je finisse mon travail avant de sortir ce soir. - (2) Je préférerais que vous choisissiez la date et l'heure vous-même. - (3) Elle veut que nous vendions la voiture pour en acheter une autre, plus grande. - (4) Il se peut qu'elles arrivent en retard demain, à cause de la circulation. - (5) Le spectacle a beaucoup de succès. Il n'est pas rare que la salle se remplisse en cinq minutes. - (6) Il est possible que nous rentrions de vacances un peu plus tôt, afin d'éviter les embouteillages sur les routes. - (7) J'ai mis la radio un peu plus fort, pour que vous entendiez mieux. - (8) J'aimerais vous voir un peu plus longtemps, pour que vous me fournissiez tous les détails concernant votre plan. - (9) Je suis tout prêt à donner mon accord, pourvu que vous ne dépassiez pas le budget fixe. - (10) Mon père aimerait mieux que nous lui demandions son avis avant de prendre une décision.

B Standard Spelling Irregularities

a) (1) j'avance tu avances il/elle avance nous avançons
vous avancez ils/elles avancent
j'avancerai tu avanceras il/elle avancera nous avancerons
vous avancerez ils/elles avanceront
j'avancerais tu avancerais il/elle avancerait nous
avancerions vouz avanceriez ils/elles avanceraient

(2) je bouge tu bouges il/elle bouge nous bougeons
vous bougez ils/elles bougent
je bougerai tu bougeras il/elle bougera nous bougerons
vous bougerez ils/elles bougeront
je bougerais tu bougerais il/elle bougerait
nous bougerions vous bougeriez ils/elles bougeraient

(3) j'épelle tu épelles il/elle épelle nous épelons vous épelez
ils/elles épellent
j'épellerai tu épelleras il/elle épellera nous épellerons
vous épellerez ils/elles épelleront
j'épellerais tu épellerais il/elle épellerait nous épellerions
vous épelleriez ils/elles épelleraient

(4) je projette tu projettes il/elle projette nous projetons
vous projetez ils/elles projettent
je projetterai tu projetteras il/elle projettera
nous projetterons vous projetterez ils/elles projetteront
je projetterais tu projetterais il/elle projetterait nous
projetterions vous projetteriez ils/elles projetteraient

(5) je grommelle tu grommelles il/elle grommelle
nous grommelons vous grommelez ils/elles grommellent
je grommellerai tu grommelleras il/elle grommellera
nous grommellerons vous grommellerez
ils/elles grommelleront
je grommellerais tu grommellerais il/elle grommellerait
nous grommellerions ils/elles grommelleraient

(6) je nettoie tu nettoies il/elle nettoie nous nettoyons
vous nettoyez ils/elles nettoient
je nettoierai tu nettoieras il/elle nettoiera nous nettoierons
vous nettoierez ils/elles nettoieront
je nettoierais tu nettoierais il/elle nettoierait
nous nettoierions vous nettoieriez ils/elles nettoieraient

(7) j'achève tu achèves il/elle achève nous achevons
vous achevez ils/elles achèvent
j'achèverai tu achèveras il/elle achèvera nous achèverons
vous achèverez ils/elles achèveront
j'achèverais tu achèverais il/elle achèverait
nous achèverions vous achèveriez ils/elles achèveraient

(8) j'emmène tu emmènes il/elle emmène nous emmenons
vous emmenez ils/elles emmènent
j'emmènerai tu emmèneras il/elle emmènera
nous emmènerons vous emmènerez ils/elles emmèneront
j'emmènerais tu emmènerais il/elle emmènerait
nous emmènerions vous emmèneriez
ils/elles emmèneraient

(9) j'élève tu élèves il/elle élève nous élevons vous élevez
ils/elles élèvent
j'élèverai tu élèveras il/elle élèvera nous élèverons
vous élèverez ils/elles élèveront
j'élèverais tu élèverais il/elle élèverait nous élèverions
vous élèveriez ils/elles élèveraient

(10) j'ennuie tu ennuies il/elle ennuie nous ennuyons
vous ennuyez il/elle ennuient
j'ennuierai tu ennuieras ile/elle ennuiera nous ennuierons
vous ennuierez ils/elles ennuieront
j'ennuierais tu ennuierais il/elle ennuierait
nous ennuierions vous ennuieriez ils/elles ennuieraient

b) (1) je célèbre nous célébrons ils/elles célèbrent
je célébrerai nous célébrerons ils/elles célébreront
je célébrerais nous célébrerions ils/elles célébreraient

(2) je complète nous complétons ils/elles complètent
je complèterai nous complèterons ils/elles complèteront
je complèterais nous complèterions ils/elles complèteraient

(3) je protège nous protégeons ils/elles protègent
je protégerai nous protégerons ils/elles protégeront
je protégerais nous protégerions ils/elles protégeraient

(4) je libère nous libérons ils/elles libèrent
je libérerai nous libérerons ils/elles libéreront
je libérerais nous libérerions ils/elles libéreraient

(5) je règle nous réglons ils/elles règlent
je réglerai nous réglerons ils/elles régleront
je réglerais nous réglerions ils/elles régleraient

(6) je préfère nous préférons ils/elles préfèrent
je préférerai nous préférerons ils/elles préféreront
je préférerais nous préférerions ils/elles préféreraient

(7) je récupère nous récupérons ils/elles récupèrent
je récupérerai nous récupérerons ils/elles récupéreront
je récupérerais nous récupérerions ils/elles récupéreraient

(8) je répète nous répétons ils/elles répètent
je répéterai nous répéterons ils/elles répéteront
je répéterais nous répéterions ils/elles répéteraient

(9) je suggère nous suggérons ils/elles suggèrent
je suggérerai nous suggérerons ils/elles suggéreront
je suggérerais nous suggérerions ils/elles suggéreraient

(10) je tolère nous tolérons ils/elles tolèrent
je tolérerai nous tolérerons ils/elles toléreront
je tolérerais nous tolérerions ils/elles toléreraient

c) **(1)** appeliez - **(2)** gèlent - **(3)** emploient - **(4)** jettent - **(5)** rachète - **(6)** ennuie - **(7)** tolèrent - **(8)** régliez - **(9)** gère - **(10)** suggère

d) **(1)** j'avançais il/elle avançait nous avancions ils/elles avançaient

(2) j'arrangeais il/elle arrangeait nous arrangions ils/elles arrangeaient

(3) je menaçais il/elle menaçait nous menacions ils/elles menaçaient

(4) je nageais il/elle nageait nous nagions ils/elles nageaient

(5) je lançais il/elle lançait nous lancions ils/elles lancaient

C Auxiliaries and the Formation of Compound Tenses

a) **(1)** j'ai joué j'avais joué j'aurais joué
nous avons joué nous avions joué nous aurions joué

(2) je suis monté(e) j'étais monté(e) je serais monté(e)
nous sommes monté(e)s nous étions monté(e)s
nous serions monté(e)s

(3) j'ai défendu j'avais défendu j'aurais défendu
nous avons défendu nous avions défendu
nous aurions défendu

(4) j'ai affaibli j'avais affaibli j'aurais affaibli
nous avons affaibli nous avions affaibli
nous aurions affaibli

(5) j'ai attendu j'avais attendu j'aurais attendu
nous avons attendu nous avions attendu
nous aurions attendu

(6) je suis arrivé(e) j'étais arrivé(e) je serais arrivé(e)
nous sommes arrivé(e)s nous étions arrivé(e)s
nous serions arrivé(e)s

(7) j'ai descendu / je suis descendu(e) j'avais descendu /
j'étais descendu(e)
j'aurais descendu / je serais descendu(e)
nous avons descendu / nous sommes descendu(e)s
nous avions descendu / nous étions descendu(e)s
nous aurions descendu / nous serions descendu(e)s

(8) j'ai applaudi j'avais applaudi j'aurais applaudi
nous avons applaudi nous avions applaudi
nous aurions applaudi

(9) je suis resté(e) j'étais resté(e) je serais resté(e)
nous sommes resté(e)s nous étions resté(e)s
nous serions resté(e)s

(10) j'ai monté / je suis monté(e) j'avais monté / j'étais monté(e)
j'aurais monté / je serais monté(e)
nous avons monté / nous sommes monté(e)s
nous avions monté / nous étions monté(e)s
nous aurions monté / nous serions monté(e)s

b) (1) Elle n'est pas retournée en Angleterre après son divorce.
Elle est restée en France avec ses enfants. - **(2)** Le président
et sa femme sont revenus très fatigués de leur voyage et sont
partis (allés) en vacances à la montagne. - **(3)** Vous avez sorti
les bagages du coffre? — Oui, et je les ai montés au grenier. -
(4) En France, beaucoup de jeunes ont quitté les villages, et
certains sont devenus déserts. - **(5)** Je suis désolé: ma
secrétaire ne m'a pas prévenu que vous étiez arrivé(e/s). -
(6) Malheureusement, le champion de ski français a descendu
la pente trop vite et il est tombé. - **(7)** Comme chaque
automne, les bergers sont descendus des montagnes et les
fermiers ont rentré le bétail. - **(8)** Les couturiers parisiens ont
sorti leurs collections de printemps: les ourlets sont remontés
cette année! - **(9)** Le pays n'est pas encore sorti de la

récession, et le gouvernement n'est pas parvenu à convaincre les électeurs. - **(10)** Coome d'habitude à cette saison, des metteurs en scène de tous les pays sont venus au Festival de Cannes présenter leur film, et ils ont répondu aux questions des journalistes et des critiques.

D Reflexive Verbs

a) **(1)** Les événements récents se passent de tout commentaire. - **(2)** Nous nous moquons trop facilement de ce qui est différent de nous. - **(3)** Vous vous appelez comment? - **(4)** Je me promène souvent seul: cela m'aide à réfléchir. - **(5)** De nos jours, les pères s'occupent de plus en plus souvent de leurs enfants. - **(6)** Le travail, c'est sa drogue: il ne s'arrête jamais! - **(7)** Tous les grands hôtels de toutes les grandes villes se ressemblent. - **(8)** Nous nous attendons rarement aux malheurs qui nous arrivent. - **(9)** Pourquoi est-ce que vous vous inquiétez toujours pour des choses qui n'en valent pas la peine? - **(10)** Après plusieurs séjours à Paris, je sais où se trouvent les meilleurs restaurants.

b) **(1)** Ne vous arrêtez pas! / Ne t'arrête pas! - **(2)** Excusez-vous / excuse-toi immédiatement! - **(3)** Amusez-vous (bien). - **(4)** Ne vous moquez / Ne te moque pas de l'accent des gens! - **(5)** Ne nous mettons pas en colère! Ce n'est pas la peine! / Ça n'en vaut pas la peine! - **(6)** Renseignez-vous / Renseigne-toi au Syndicat d'Initiative / à l'Office du Tourisme. - **(7)** Ne vous mêlez / Ne te mêle pas de tout ça: c'est trop compliqué! - **(8)** Attendez-vous / Attends-toi à une augmentation du taux d'intérêt cette année. - **(9)** Ne vous débarrassez / Ne te débarrasse jamais de(s) vieilles choses: elles redeviendront peut-être à la mode un jour! - **(10)** Dépêchons-nous, ou nous manquerons le train!

c) **(1)** Pourquoi est-ce que tu t'es endormi(e) pendant ce film? Il
est très intéressant! - **(2)** Dans son troisième roman, il s'est
éloigné de son style habituel. - **(3)** Les hommes politiques se
sont trompés trop souvent en ce qui concerne l'économie. -
(4) Les deux hommes d'état ne se sont jamais rencontrés mais
ils se sont parlé très souvent au téléphone. - **(5)** Nous nous
sommes bien reposé(e)s quand nous sommes allé(e)s en
Auvergne: c'est une région où il n'y a pas beaucoup de
touristes. - **(6)** Beaucoup d'événements importants et graves
se sont passés pendant ce vingtième siècle. - **(7)** Un très
grand nombre de femmes se sont arrêtées de fumer avant la
naissance de leur premier enfant. - **(8)** En raison des
conditions de sécurité insuffisantes, beaucoup d'ouvriers se
sont blessés au travail, particulièrement sur les chantiers de
construction. - **(9)** Les autorités concernées ne se sont même
pas excusées auprès des familles des victimes. - **(10)** Des
centaines de lettres se sont perdues pendant la grève des
postiers.

E Impersonal Verbs

a) **(1)** Il gèle - **(2)** Il fait nuit - **(3)** Il neige - **(4)** Il pleut -
(5) Il y a des nuages - **(6)** Il y a du verglas - **(7)** Il fait beau -
(8) Il est six heures - **(9)** Il est difficile - **(10)** Il est inutile

b) **(1)** Il est évident qu'elle ne veut pas me parler. - **(2)** Il est
probable qu'ils partiront tout de suite après la conférence. -
(3) Il paraît qu'il a décidé d'aller vivre en France. - **(4)** Il est
possible que la situation s'améliore, mais personne ne sait
quand cela arrivera. - **(5)** Il est douteux qu'il trouve un autre
emploi à son âge. - **(6)** Je croyais que j'avais la collection
complète mais il me manque trois exemplaires. - **(7)** Qu'est-
ce qui s'est passé? J'ai entendu un bruit mais je n'ai pas vu
l'accident. - **(8)** Il me reste mes souvenirs, et c'est tout. -

(9) Il me semble que de nos jours les gens sont plus pessimistes qu'avant. - **(10)** Mme Dubois? — Oui, de quoi s'agit-il?

c) **(1)** Il faut - **(2)** Il suffit - **(3)** Il est vrai - **(4)** Il vaut mieux - **(5)** Il est facile - **(6)** Il est impossible - **(7)** Il est difficile - **(8)** Il suffit - **(9)** Il existe - **(10)** Il faut

F Tenses

a) **(1)** Qu'est-ce qu'il fait? / est en train de faire? — Il arrive, il gare / est en train de garer la voiture. - **(2)** Beaucoup de pays traversent une période difficile en ce moment. - **(3)** Appelle-moi demain quand tu arriveras au bureau. - **(4)** Les Français boivent moins de vin qu'il y a vingt ou trente ans. - **(5)** Quand je vais la voir, elle parle toujours du passé. - **(6)** Le directeur est occupé en ce moment: il parle au téléphone à / avec son associé. - **(7)** Les enfants ne lisent pas beaucoup de nos jours, parce qu'ils regardent trop la / de télévision. - **(8)** Je crois qu'il est en train d'écrire son autobiographie. - **(9)** Je lui dirai la prochaine fois que je le verrai. - **(10)** A chaque fois / toutes les fois que je suis en train de regarder quelque chose de bien à la télévision, il veut regarder autre chose.

b) **(1)** J'allais souvent au théâtre quand j'habitais près de Londres. - **(2)** Il y a quelques années, les femmes occupaient peu de postes de responsabilité et restaient souvent au foyer. - **(3)** Quand j'étais étudiante, je lisais quelquefois toute la nuit. - **(4)** Comme il pleuvait très fort, les responsables ont annulé le match. - **(5)** Quand il m'a téléphoné, j'ai pensé tout de suite à un accident. - **(6)** Il réfléchissait à ses problèmes et il n'a pas vu la voiture arriver. - **(7)** C'est un homme qui a gagné beaucoup d'argent, et qui a fait beaucoup de bien dans sa vie. - **(8)** Le ministre des transports a pris des mesures draconiennes, mais malgré cela le nombre des accidents de la route n'a pas diminué. - **(9)** Les gens parlaient tellement fort que je n'ai pas entendu l'annonce faite dans le haut-parleur. - **(10)** La foule a commencé à crier dès qu'elle a aperçu le cortège.

c) (1) Quand il est arrivé, j'étais déjà sorti. - **(2)** Les postiers étaient en grève depuis quinze jours quand ils ont accepté l'augmentation de salaire. - **(3)** Je lui avais dit de faire attention mais elle ne m'a pas écouté. - **(4)** Dès que j'arriverai à Paris je vais chercher du travail. - **(5)** Il nous téléphonera quand il aura acheté les billets. - **(6)** Je retournerai travailler quand je serai complètement guéri. - **(7)** Il travaille à Paris depuis vingt ans. / Il y vingt ans qu'il travaille à Paris. / Ça fait vingt ans qu'il travaille à Paris. - **(8)** J'ai habité dans un appartement pendant six ans, et puis j'ai acheté cette maison. - **(9)** Il y a moins de problèmes depuis qu'ils ont construit cette autoroute. - **(10)** Il enseigne dans cette université depuis 1991.

d) (1) Je venais de m'endormir lorsqu'un bruit bizarre m'a réveillé. - **(2)** J'ai l'intention de partir pour les Etats-Unis quand j'aurai passé mes examens. - **(3)** Je viendrai chercher ma robe quand elle sera prête. - **(4)** Les pourparlers duraient depuis plus de quinze jours lorsque les participants sont enfin arrivés à un accord. - **(5)** Je n'avais pas eu de ses nouvelles depuis plusieurs années lorsque je l'ai rencontré à la gare. - **(6)** Les choses commenceront à changer lorsque les hommes politiques auront compris que les gens en ont assez. - **(7)** Ils ont promis qu'ils m'écriraient dès qu'ils auraient pris une décision. - **(8)** Il y a plusieurs mois que nous les connaissons mais nous ne savons toujours pas où ils habitent. - **(9)** J'étais fatiguée parce que j'étais allée me coucher tard. - **(10)** Téléphone-moi dès que tu connaîtras l'heure d'arrivée de ton train.

G The Subjunctive

a) **(1)** Mes parents sont très contents que j'aie réussi à mes examens. - **(2)** Elle était désolée que je donne ma démission. - **(3)** Je suis très heureux que vous ayez pris cette décision. - **(4)** J'étais surprise qu'ils ne m'aient pas écrit. - **(5)** Il roule trop vite, et j'ai peur qu'il n'ait un accident. - **(6)** Je regrette beaucoup que tu ne puisses pas m'accompagner à Paris. - **(7)** Ils sont étonnés que tu ne viennes pas. - **(8)** Tu veux que je revienne plus tard? - **(9)** Je crains que ce ne soit pas possible de vous donner une réponse avant la fin du mois. - **(10)** Je préfère que tu me dises la vérité.

b) **(1)** Quand es-tu libre? Il est important que nous nous voyions au plus vite. - **(2)** Mon mari doit aller aux Etats-Unis pour affaires en juin. Il est possible qu'il m'emmène avec lui. - **(3)** Je ne l'ai pas vue depuis une semaine. Il se peut qu'elle soit partie en vacances. - **(4)** La police devrait interroger le concierge. Il est impossible qu'il n'ait rien vu. - **(5)** Ils devaient arriver avant huit heures. Il est douteux qu'ils viennent maintenant. - **(6)** Tu sais bien que cette idée ne lui plaît pas Il est peu probable que tu/vous/nous réussisses/ réussissiez/réussissions à le convaincre. - **(7)** Elle a l'air heureuse à l'université. Il semble qu'elle se soit bien habituée à sa vie d'étudiante. - **(8)** C'est un long voyage, et elle est malade. Il serait préférable qu'elle reste chez elle. - **(9)** Il ne connaît rien aux voitures. Il vaudrait mieux qu'il n'achète pas une voiture d'occasion. - **(10)** J'aurais bien aimé vous voir quand vous étiez en France le mois dernier. C'est dommage que vous ne m'ayez pas téléphoné.

c) **(1)** Je ne crois pas que ça vaille la peine d'aller voir cette pièce. - **(2)** Je ne pense pas qu'elle guérisse bientôt. - **(3)** Je doute que les travaux soient finis avant l'été. - **(4)** Je ne suis pas sûr que nous allions en France cette année. - **(5)** Il n'est pas certain que l'inauguration ait lieu à la date prévue. - **(6)** Il n'est pas évident qu'il soit élu. - **(7)** Il n'est pas vrai que le niveau de vie ait augmenté depuis une dizaine d'années. - **(8)** Il semble que le ministre ait décidé de changer les programmes scolaires. - **(9)** Il n'est pas sûr que les conservateurs gagnent les élections cette fois-ci. - **(10)** Il se pourrait qu'il y ait bientôt des élections.

d) **(1)** Il n'a pas gagné de médaille olympique, bien qu'il soit le meilleur skieur du monde. - **(2)** Les blessés sont morts de froid dans la neige, sans qu'il soit possible de les secourir. - **(3)** Il aurait fallu un plus grand théâtre, pour que plus de gens puissent voir le spectacle. - **(4)** Je laisse mes enfants sortir le soir, pourvu qu'ils ne rentrent pas trop tard. - **(5)** Beaucoup de jeunes sont obligés d'habiter chez leurs parents, jusqu'à ce qu'ils trouvent une maison ou un appartement à louer ou à acheter. - **(6)** J'ai l'intention de faire le voyage en voiture, à moins qu'il ne fasse trop mauvais temps sur les routes. - **(7)** On a limité le nombre des spectateurs, de peur que des incidents n'éclatent dans le stade. - **(8)** Je veux bien essayer de faire ce travail, à condition qu'on m'aide un peu. - **(9)** Il faut absolument que j'arrive en ville avant que les banques ne ferment. - **(10)** En attendant que ma voiture soit réparée, je me sers de mon vélo pour aller travailler.

e) **(1)** Elle ne pense pas pouvoir venir. - **(2)** Je crois la connaître. - **(3)** Elle est partie sans dire au revoir. - **(4)** Elle travaille le samedi pour gagner de l'argent de poche. - **(5)** Il est préférable de vous reposer avant de sortir. - **(6)** Vous pouvez encore voir la pièce à condition de louer maintenant. - **(7)** J'aimerais aller en France, mais j'ai peur de ne rien comprendre. - **(8)** Il lui faudra travailler très dur s'il veut réussir cet examen. - **(9)** Je mettrai le réveil de manière à ne pas oublier de me réveiller.- **(10)** Je regrette de ne l'avoir jamais rencontré.

f) **(1)** S'il y avait moins de chômage, il y aurait sans doute moins de problèmes sociaux. - (2) Si j'avais beaucoup d'argent, je ferais un voyage en Chine. - (3) Si j'avais su, je ne serais pas venue. - (4) Si les prix étaient plus raisonnables, nous irions plus souvent au restaurant. - (5) S'il ne m'avait pas aidé, je n'aurais jamais réussi à faire ça tout seul. - (6) Si je pouvais, je prendrais un mois de vacances par an. - (7) S'il y avait eu moins de circulation, nous n'aurions pas raté notre avion. - (8) S'il n'y avait pas eu la grève des chemins de fer, nous aurions pris le train. - (9) Si le conducteur avait roulé moins vite, l'accident ne serait pas arrivé. - (10) Elle vient de téléphoner pour dire qu'elle serait sans doute en retard.

g) (1) Téléphone-leur! - (2) Faites attention! - (3) N'oublions pas de prendre les imperméables! - (4) Accompagne-nous! - (5) Prévenez-nous à temps! - (6) Arrête-toi de fumer au plus vite! - (7) Préparons-nous à sortir! - (8) Souviens-toi de nos dernières vacances! - (9) Adressez-vous aux responsables! - (10) Ecris-nous à ton arrivée!

H The Infinitive

a) (1) Après des mois, ils se sont finalement décidés à vendre leur maison. - (2) Le mois dernier, elle a failli mourir dans un accident de voiture. - (3) Si je voulais, je pourrais prendre des vacances maintenant, mais je préfère attendre jusqu'à l'été. - (4) Je n'ai jamais eu l'occasion de voler en Concorde. Il paraît que c'est très confortable. - (5) Trop souvent, les parents modernes laissent leurs enfants faire tout ce qu'ils veulent. - (6) J'ai trop de travail en ce moment: je n'ai pas le temps de sortir. - (7) Les journalistes ont essayé de l'interviewer, mais il n'avait rien à dire. - (8) Elle s'ennuie: elle n'a pas l'habitude d'habiter à la campagne. - (9) La police a décidé d'intervenir afin d'éviter des violences. - (10) Apprendre à conduire n'est pas une chose facile.

b) **(1)** Le docteur lui a conseillé d'aller à la montagne pour sa santé. - **(2)** Nous lui avons parlé pendant toute une heure, et finalement nous sommes arrivés à la convaincre. - **(3)** Je ne lui ai pas tout dit: j'ai craint de l'ennuyer. - **(4)** Elle cherche à attirer l'attention sur elle en s'habillant d'une manière très excentrique. - **(5)** Malheureusement, d'après les statistiques, les jeunes commencent à fumer de plus en plus tôt. - **(6)** Il y avait de nombreux policiers sur les lieux de l'accident: ils empêchaient les gens d'approcher. - **(7)** Après la projection du film, le metteur en scène a invité les spectateurs à lui poser des questions. - **(8)** Les autorités ont obligé tous les automobilistes à porter la ceinture de sécurité. - **(9)** Je ne peux pas rentrer chez moi: je viens de me rendre compte que j'avais oublié mes clefs au bureau. - **(10)** Le gouvernement s'efforce d'aider les jeunes sans emploi.

c) **(1)** Je sais conduire, mais je préfère voyager par le train. - **(2)** Elle passe son temps à téléphoner à ses amis au lieu d'étudier pour ses examens. - **(3)** Il a été très malade pendant la nuit, alors j'ai envoyé chercher le docteur. - **(4)** J'aimerais t'aider, mais je suis très occupé en ce moment. - **(5)** Il vient de terminer un film et il va en commencer un autre. - **(6)** Ils n'ont pas compris cet exercice: je leur ai fait refaire. - **(7)** J'espère venir vous voir avant de partir pour la France. - **(8)** Il faut te faire couper les cheveux, ils sont trop longs! — Mais je n'ai pas envie d'aller chez le coiffeur! - **(9)** Ils nous ont fait attendre des heures à l'aéroport sans donner d'explications. - **(10)** Je n'ai jamais entendu parler du restaurant français qui vient d'ouvrir près d'ici mais j'ai entendu dire que c'était très bien.

d) **(1)** Il est facile de résoudre ce problème. - **(2)** Il a travaillé très dur pour obtenir la meilleure note. - **(3)** Il a donné un coup de téléphone important avant de sortir. - **(4)** Il est parti sans dire au revoir. - **(5)** Il est très difficile d'apprendre une langue étrangère. - **(6)** Au lieu de prendre l'autoroute, ils ont emprunté les petites routes. - **(7)** Il passe son temps à jouer avec son ordinateur. - **(8)** Cette touche sert à régler le volume. - **(9)** Elle n'a pas l'habitude de prendre l'avion. - **(10)** Il est impossible de visiter Paris sans l'aimer.

e) **(1)** Après avoir joué son dernier match, il a décidé d'abandonner le football. - **(2)** Je vous remercie de m'avoir écoutée très patiemment. - **(3)** Après avoir beaucoup réfléchi, ils ont choisi de ne pas porter plainte. - **(4)** Elle est vraiment désolée de ne pas avoir pu nous aider. - **(5)** Après avoir beaucoup voyagé il y a quelques années, nous avons préféré nous fixer en France. - **(6)** Je me souviens de l'avoir rencontrée à un dîner l'année dernière. - **(7)** Après s'être bien amusée dans sa jeunesse, elle a fini par trouver du travail et mener une vie plus calme. - **(8)** Je m'excuse de ne pas avoir pu vous recevoir hier. - **(9)** Après s'être reposés quelques jours, les athlètes ont recommencé leurs séances d'entraînement. - **(10)** Je regrette vraiment de n'avoir jamais étudié la musique.

I Participles

a) **(1)** Durant la discussion, plusieurs délégués ont fait des suggestions très intéressantes. - **(2)** Ces gâteaux au chocolat ont l'air très tentants. J'ai bien envie d'en acheter. - **(3)** Il me fait rire: ses plaisanteries sont très amusantes. - **(4)** Ce livre raconte l'aventure passionnante de la conquête de l'Espace. - **(5)** Je suis allé à Londres hier: c'était une journée agréable, mais très fatigante. - **(6)** Sur les marchés français, on peut acheter des crevettes vivantes. - **(7)** Il n'avait pas l'air très sûr de ce qu'il disait: il a répondu d'une voix hésitante. - **(8)** Elle est devenu très méfiante: elle n'ouvre pas sa porte aux inconnus. - **(9)** Depuis qu'il a commencé à apprendre le français l'année dernière, il a fait des progrès étonnants. - **(10)** J'espérais obtenir de meilleurs résultats à mes examens: en fait, j'ai obtenu des notes très décevantes.

b) **(1)** Elle a souri en se voyant dans la glace. - **(2)** Les enfants riaient tout en ouvrant leurs cadeaux. - **(3)** Il a gagné beaucoup d'argent en vendant des maisons dans les années '80. - **(4)** Il a réussi en travaillant très dur et en sachant quand prendre des risques. - **(5)** J'écoute souvent de la musique classique tout en lisant. - **(6)** Elle a quitté l'hôpital en pleurant. - **(7)** Elle paye ses études en travaillant à mi-temps comme secrétaire. - **(8)** De nos jours, beaucoup de femmes choisissent de continuer à travailler tout en élevant leurs enfants. - **(9)** Il a réussi à pénétrer dans la maison en cassant la fenêtre de la salle de bains. - **(10)** Tu n'arriveras à rien en te fâchant.

c) **(1)** Les blessés étaient étendus sur les civières. — The wounded were lying on stretchers. - **(2)** Plusieurs femmes priaient, agenouillées dans l'église. — Several women were praying, kneeling in the church. - **(3)** Des centaines de touristes étaient allongés sur le sable, en plein soleil. — Hundreds of tourists were lying on the sand in the full glare of the sun. - **(4)** A la suite d'une forte grippe, elle est restée couchée quinze jours. — Following a bad bout of flu, she stayed in bed for a fortnight. - **(5)** Penchées sur leur livre, elles ne l'avaient pas entendu entrer. — Bent over their books, they hadn't heard him come in. - **(6)** Les alpinistes ont dû rester suspendus dans le vide en attendant du secours. — The climbers had to remain hanging over the abyss while they waited for help. - **(7)** Accoudée à la fenêtre, la jeune femme posait pour le photographe. — Leaning at the window, the young woman was posing for the photographer. - **(8)** Aux heures d'affluence, il n'y a jamais assez de places assises dans les trains. — There are never enough seats on trains at rush hour. - **(9)** Connue de tous, elle était aussi particulièrement appréciée des enfants. — Known by all, she was also appreciated by children in particular.

d) (1) Ma femme et moi avons vu un film comique hier soir; nous nous sommes beaucoup amusés. - **(2)** Elle s'est cassé la jambe en faisant du ski: elle a dû rester trois mois dans le plâtre. - **(3)** Pendant leur séparation, ils se sont téléphoné tous les jours. - **(4)** Anne et sa soeur ne se sont pas vues depuis au moins trois ans. - **(5)** Les deux chefs de gouvernement se sont parlé longuement hier, pour la première fois depuis la fin de la guerre. - **(6)** Marie s'était souvent demandé pourquoi sa soeur ne s'était jamais mariée. - **(7)** Quels livres avez-vous lus dans cette collection? - **(8)** Combien de voyages d'affaires avez-vous faits cette année? - **(9)** Quels vins avez-vous dégustés pendant votre voyage en Bourgogne? - **(10)** Parmi les capitales que j'ai visitées, je crois que Paris est celle que je préfère.

J The Passive

a) (1) On m'a acheté / offert cette robe pour mon anniversaire, et mon cadeau m'a fait grand plaisir. - **(2)** On lui donne de l'argent de poche toutes les semaines. - **(3)** On leur a appris le français très jeunes. / quand ils étaient très jeunes. / à un âge très tendre. - **(4)** On s'est moqué d'elle à cause de son drôle de nom. - **(5)** Quand j'étais très jeune, les enfants ne parlaient pas à moins qu'on ne leur parle. - **(6)** Ils ont hérité d'une fortune quand leurs parents sont morts. - **(7)** On m'a assuré que mon passeport serait prêt le même jour. On m'a dit d'attendre ici. - **(8)** Elle est très fatiguée et on lui a dit de se reposer le plus possible. - **(9)** On dit qu'il aime beaucoup la France et qu'il parle très bien français. - **(10)** (Ici) on parle anglais.

b) (1) They were seen together at the theatre last week. - **(2)** I don't know what she is called. - **(3)** This wine is drunk very cold. - **(4)** She is said to be a very good tennis player. -

(5) He is being talked about as the next Prime Minister. -
(6) In France, meat is eaten less well cooked than in
England. - (7) The doctor had to be sent for in the middle of
the night. - (8) I was sent a reminder about my library book. -
(9) He was caught stealing money from his firm. - (10) She
has been called the most famous woman in the world.

K Modal Auxiliary Verbs

a) (1) Le médecin m'a dit que je devais absolument prendre
trois comprimés par jour. - (2) Elle doit être très contente
d'avoir réussi tous ses examens. - (3) L'avion devrait arriver
à onze heures, mais il aura probablement du retard à cause du
brouillard. - (4) C'est quelque chose qui peut arriver, mais
c'est très rare. - (5) Je me réveille tous les matins avec une
migraine épouvantable: je dois prendre rendez-vous chez le
médecin. - (6) Je préfère ne pas sortir: mon mari doit
m'appeler des Etats-Unis vers sept heures. - (7) Ce n'est pas
la peine que j'achète une voiture: je ne sais pas encore
conduire. - (8) Je n'aime pas beaucoup aller en vacances à la
mer, car je ne sais pas nager. - (9) J'ai essayé de téléphoner,
mais pas de réponse: elle a dû sortir. - (10) Ils auraient pu
venir avec nous, s'ils avaient voulu.

b) Anne attend un coup de téléphone de son amie, avec qui elle
doit partir en vacances. Elle doit appeler vers sept ou huit
heures. Elles ne savent pas encore où elles veulent aller, mais
il se peut qu'elles choisissent l'Espagne. Anne sait conduire,
et une fois arrivées les jeunes filles voudraient louer une
voiture pour visiter la région. Elles devaient déjà partir en —
semble l'année dernière, mais elles n'ont pas pu, car Anne a
dû acheter une nouvelle voiture.

c) (1) Elle aurait dû partir plus tôt, elle n'aurait pas raté son train. - (2) Si tu ne veux pas finir à l'hôpital, tu devrais arrêter de fumer! - (3) J'aurais bien voulu être médecin, mais je n'aurais jamais pu supporter la vue du sang. - (4) Elle voudrait bien lui dire la vérité, mais elle ne sait vraiment pas comment s'y prendre. - (5) Elle a beaucoup vieilli maintenant, mais elle a dû être très belle quand elle était jeune. - (6) Tu pourrais au moins lui téléphoner pour la remercier: ce serait plus poli! - (7) On aurait pu éviter les grèves si le gouvernement avait cédé aux revendications des ouvriers. - (8) S'ils ne m'avaient pas aidé financièrement, je n'aurais jamais pu surmonter mes difficultés. - (9) Vous devriez prendre des vacances plus souvent: vous avez l'air fatigué. - (10) Finalement ils ont dû vendre leur maison; elle était trop grande pour eux.

L Conjugation Practice

a) (1)

je mange	nous mangeons
tu manges	vous mangez
il }	ils }
elle } mange	elles } mangent
on }	

(2)

j'achète	nous achetons
tu achètes	vous achetez
il }	ils }
elle } achète	elles } achètent

(3)

j'appelle	nous appelons
tu appelles	vous appelez
il }	ils }
elle } appelle	elles } appellent
on }	

(4)

je jette	nous jetons
tu jettes	vous jetez
il }	ils }
elle } jette	elles } jettent
on }	

(5)

je commence	nous commençons
tu commences	vous commencez
il }	ils }
elle } commence	elles } commencent
on }	

(6)

je vends	nous vendons
tu vends	vous vendez
il }	ils }
elle } vend	elles } vendent
on }	

(7)

je mets	nous mettons
tu mets	vous mettez
il }	ils }
elle } met	elles } mettent
on }	

(8)

je finis	nous finissons
tu finis	vous finissez
il }	ils }
elle } finit	elles } finissent
on }	

(9)

je vais	nous allons
tu vas	vous allez
il }	ils }
elle } va	elles } vont
on }	

(10)

je fais	nous faisons
tu fais	vous faites
il }	ils }
elle } fait	elles } font
on }	

b)

(1) j'étais   tu étais   nous étions

(2) j'avais   tu avais   nous avions

(3) je croyais   tu croyais   nous croyions

(4) je faisais   tu faisais   nous faisions

(5) je disais   tu disais   nous disions

c) **(1)** je travaillerai, nous travaillerons - **(2)** je verrai, nous verrons - **(3)** j'irai, nous irons - **(4)** je ferai, nous ferons - **(5)** j'écrirai, nous écrirons - **(6)** je pourrai, nous pourrons - **(7)** je voudrai, nous voudrons - **(8)** je saurai, nous saurons - **(9)** je tiendrai, nous tiendrons - **(10)** je viendrai, nous viendrons

d)

Arrivé	Dormi
Descendu	Compris
Parti	Bu
Resté	Ecrit
Sorti	Reçu
Entré	Dû
Venu	Connu
Allé	Lu
Monté	Vécu
Revenu	Ri

e)

Je suis arrivé/e	Nous sommes arrivés/ées
Tu es arrivé/e	Vous êtes arrivées/ées
Il est arrivé	Ils sont arrivés
Elle est arrivée	Elles sont arrivées
On est arrivé	

Je suis descendu/e	Nous sommes descendus/es
Tu es descendu/e	Vous êtes descendus/es
Il est descendu	Ils sont descendus
Elle est descendue	Elles sont descendues
On est descendu	

Je suis parti/e	Nous sommes partis/es
Tu es partie/e	Vous êtes partis/es
Il est parti	Ils sont partis
Elle est partie	Elles sont parties
On est parti	

Je suis resté/e	Nous sommes restés/es
Tu es resté/e	Vous êtes restés/es
Il est resté	Ils sont restés
Elle est restée	Elles sont restées
On est resté	

Je suis sorti/e	Nous sommes sortis/es
Tu es sorti/e	Vous êtes sortis/es
Il est sorti	Ils sont sortis
Elle est sortie	Elles sont sorties
On est sorti	

Je suis entré/e	Nous sommes entrés/es
Tu es entré/e	Vous êtes entrés/es
Il est entré	Ils sont entrés
Elle est entrée	Elles sont entrées
On est entré	

Je suis venu/e	Nous sommes venus/es
Tu es venu/e	Vous êtes venus/es
Il est venu	Ils sont venus
Elle est venue	Elles sont venues
On est venu	

Je suis allé/e	Nous sommes allés/es
Tu es allé/e	Vous êtes allés/es
Il est allé	Ils sont allés
Elle est allée	Elles sont allées
On est allé	
Je suis monté/e	Nous sommes montés/es
Tu es monté/e	Vous êtes montés/es
Il est monté	Ils sont montés
Elle est montée	Elles sont montées
On est monté	
Je suis revenu/e	Nous sommes revenus/es
Tu es revenu/e	Vous êtes revenus/es
Il est revenu	Ils sont revenus
Elle est revenue	Elles sont revenues
On est revenu	
J'ai dormi	Nous avons dormi
Tu as dormi	Vous avez dormi
Il a dormi	Ils ont dormi
Elle a dormi	Elles ont dormi
On a dormi	
J'ai compris	Nous avons compris
Tu as compris	Vous avez compris
Il a compris	Ils ont compris
Elle a compris	Elles ont compris
On a compris	
J'ai bu	Nous avons bu
Tu as bu	Vous avez bu
Il a bu	Ils ont bu
Elle a bu	Elles ont bu
On a bu	

J'ai écrit	Nous avons écrit
Tu as écrit	Vous avez écrit
Il a écrit	Ils ont écrit
Elle a écrit	Elles ont écrit
On a écrit	
J'ai reçu	Nous avons reçu
Tu as reçu	Vous avez reçu
Il a reçu	Ils ont reçu
Elle a reçu	Elles ont reçu
On a reçu	
J'au dû	Nous avons dû
Tu as dû	Vous avez dû
Il a dû	Ils ont dû
Elle a dû	Elles ont dû
On a dû	
J'ai connu	Nous avons connu
Tu as connu	Vous avez connu
Il a connu	Ils ont connu
Elle a connu	Elles ont connu
On a connu	
J'ai lu	Nous avons lu
Tu as lu	Vous avez lu
Il a lu	Ils ont lu
Elle a lu	Elles ont lu
On a lu	
J'ai vécu	Nous avons vécu
Tu as vécu	Vous avez vécu
Il a vécu	Ils ont vécu
Elle a vécu	Elles ont vécu
On a vécu	

J'ai ri	Nous avons ri
Tu as ri	Vous avez ri
Il a ri	Ils ont ri
Elle a ri	Elles ont ri
On a ri	

f) (1)
Je me lève	Nous nous levons
Je me suis levé/e	Nous nous sommes levés/es

(2)
Je m'amuse	Nous nous amusons
Je me suis amusé/e	Nous nous sommes amusés/es

(3)
Je m'assieds	Nous nous asseyons
Je me suis assis/e	Nous nous sommes assis/es

(4)
Je me promène	Nous nous promenons
Je me suis promené/e	Nous nous sommes promenés/es

(5)
Je m'excuse	Nous nous excusons
Je me suis excusé/e	Nous nous sommes excusés/es

(6)
Je me demande	Nous nous demandons
Je me suis demandé	Nous nous sommes demandé

(7)
Je me dépêche	Nous nous dépêchons
Je me suis dépêché/e	Nous nous sommes dépêchés/es

(8)
Je me réveille	Nous nous réveillons
Je me suis réveillé/e	Nous nous sommes réveillés/es

(9)
Je me trompe	Nous nous trompons
Je me suis trompé/e	Nous nous sommes trompés/es

(10) Je m'endors   Nous nous endormons
Je me suis endormi/e Nous nous sommes
          endormis/es

g) Il faudrait   Il aurait fallu

  Je serais   Nous serions
  Tu serais   Vous seriez
  Il serait   Ils seraient
  Elle serait
  On serait

  J'aurais été   Nous aurions été
  Tu aurais été   Vous auriez été
  Il aurait été   Ils auraient été
  Elle aurait été   Elles auraient été
  On aurait été

  J'aurais   Nous aurions
  Tu aurais   Vous auriez
  Il aurait   Ils auraient
  Elle aurait   Elles auraient
  On aurait

  J'aurais eu   Nous aurions eu
  Tu aurais eu   Vous auriez eu
  Il aurait eu   Ils auraient eu
  Elle aurait eu   Elles auraient eu
  On aurait eu

  Je serais aimé/e   Nous serions aimés/es
  Tu serais aimé/e   Vous seriez aimés/es
  Il serait aimé   Ils seraient aimés
  Elle serait aimée   Elles seraient aimées
  On serait aimé

J'aurais été aimé/e	Nous aurions été aimés/es
Tu aurais été aimé/e	Vous auriez été aimés/es
Il aurait été aimé	Ils auraient été aimés
Elle aurait été aimée	Elles auraient été aimées
On aurait été aimé	

Je ferais	Nous ferions
Tu ferais	Vous feriez
Il ferait	Ils feraient
Elle ferait	Elles feraient
On ferait	

J'aurais fait	Nous aurions fait
Tu aurais fait	Vous auriez fait
Il aurait fait	Ils auraient fait
Elle aurait fait	Elles auraient fait
On aurait fait	

Je devrais	Nous devrions
Tu devrais	Vouz devriez
Il devrait	Ils devraient
Elle devrait	Elles devraient
On devrait	

J'aurais dû	Nous aurions dû
Tu aurais dû	Vous auriez dû
Il aurait dû	Ils auraient dû
Elle aurait dû	Elles auraient dû
On aurait dû	

Je préférerais	Nous préférerions
Tu préférerais	Vous préféreriez
Il préférerait	Ils préféreraient
Elle préférerait	Elles préféreraient
On préférerait	

J'aurais préféré	Nous aurions préféré
Tu aurais préféré	Vous auriez préféré
Il aurait préféré	Ils auraient préféré
Elle aurait préféré	Elles auraient préféré
On aurait préféré	

Je dirais	Nous dirions
Tu dirais	Vous diriez
Il dirait	Ils diraient
Elle dirait	Elles diraient
On dirait	

J'aurais dit	Nous aurions dit
Tu aurais dit	Vous auriez dit
Il aurait dit	Ils auraient dit
Elle aurait dit	Elles auraient dit
On aurait dit	

Je saurais	Nous saurions
Tu saurais	Vous sauriez
Il saurait	Ils sauraient
Elle saurait	Elles sauraient
On saurait	

J'aurais su	Nous aurions su
Tu aurais su	Vous auriez su
Il aurait su	Ils auraient su
Elle aurait su	Elles auraient su
On aurait su	

Je me souviendrais	Nous nous souviendrions
Tu te souviendrais	Vous vous souviendriez
Il se souviendrait	Ils se souviendraient
Elle se souviendrait	Elles se souviendraient
On se souviendrait	

Je me serais souvenu/e	Nous nous serions
Tu te serais souvenu/e	souvenus/es
Il se serait souvenu	Vous vous seriez souvenus/es
Elle se serait souvenue	Ils se seraient souvenus
On se serait souvenu	Elles se seraient souvenues

h)

J'étais tombé/e	Nous étions tombés/es
J'étais parti/e	Nous étions partis/es
Je m'étais couché/e	Nous nous étions couchés/es
Je m'étais tu/e	Nous nous étions tus/es
J'étais sorti/e	Nous étions sortis/es
J'étais né/e	Nous étions nés/es
J'avais trouvé	Nous avions trouvé
J'étais revenu/e	Nous étions revenus/es
J'avais espéré	Nous avions espéré
J'avais couru	Nous avions couru

i)

(1) ils jouent/sont en train de jouer

(2) je suis allée/e

(3) ils/elles mangeaient/étaient en train de manger

(4) tu aimerais/vous aimeriez

(5) nous devrions écrire

(6) ils/elles seraient arrivés/es

(7) ils/elles auraient dû parler

(8) je suis revenu/e

(9) tu riais/vous riiez/tu avais/vous aviez l'habitude de rire

(10) nous nous amusons/nous sommes en train de nous amuser

(11) il viendra

(12) ils/elles ont attendu

(13) elle regarde/elle est en train de regarder

(14) nous devrions travailler

(15) ils/elles arriveront

(16) ils/elles préféreraient

(17) nous nous étions assis/es

(18) ils/elles auraient fini

(19) tu devrais/vous devriez commencer
(20) il aurait fallu

j) **(1)** que je finisse — que nous finissions
(2) que j'appelle — que nous appelions
(3) que je croie — que nous croyions
(4) que je commence — que nous commencions
(5) que je vienne — que nous venions
(6) que je fasse — que nous fassions
(7) que je sois — que nous soyons
(8) que j'aie — que nous ayons
(9) que j'aille — que nous allions
(10) que je sache — que nous sachions

k) **(1)** que j'aie essayé — que nous ayons essayé
(2) que je me sois amusé/e — que nous nous soyons amusés/es
(3) que je me sois lavé/e — que nous nous soyons lavél/es
(4) que j'aie ouvert — que nous ayons ouvert
(5) que je sois mort/e — que nous soyons morts/es
(6) que je sois rentré/e — que nous soyons rentrés/es
(7) que j'aie eu — que nous ayons eu
(8) que j'aie dû — que nous ayons dû
(9) que je sois monté/e — que nous soyons montés/es
(10) que j'aie entendu — que nous ayons entendu

l)

mets,	mettons,	mettez
prends,	prenons,	prenez
bois,	buvons,	buvez
mange,	mangeons,	mangez
appelle,	appelons,	appelez
réveille-toi,	réveillons-nous,	réveillez-vous
habille-toi,	habillons-nous,	habillez-vous
lève-toi,	levons-nous,	levez-vous
arrête-toi,	arrêtons-nous,	arrêtez-vous
dépêche-toi,	dépêchons-nous,	dépêchez-vous

M Verb Constructions

a) (1) Je l'ai attendu mais il n'est pas venu. - (2) J'espérais une
lettre mais elle n'a pas écrit. - (3) J'ai payé mes vacances et
maintenant il ne me reste plus d'argent. - (4) Je n'ai pas
regardé votre livre. - (5) Il écoute beaucoup de musique
classique. - (6) Le professeur ne répond jamais clairement à
nos questions. - (7) Elle ressemble beaucoup à son père. -
(8) Il joue au rugby et sa sœur joue du piano. - (9) De nos
jours peu d'enfants obéissent à leurs parents comme ils le
faisaient autrefois. - (10) Je ne lui pardonnerai jamais. -
(11) Elle ne s'est pas aperçue de ma présence. - (12) Je
n'aimerais pas changer de place avec lui. - (13) Vous pouvez
vous servir de mon stylo si vous voulez. Tu peux te servir de
mon stylo si tu veux. - (14) Je ne me souviens pas du tout
d'elle. - (15) Je suis désolé/e d'être en retard: je me suis
trompé/e d'autobus. - (16) Je me doutais de quelque chose
mais je n'ai rien dit. - (17) Lorsque l'homme s'est approché
des enfants, ils se sont enfuis en courant. - (18) Je me méfie
des gens qui sourient trop. - (19) Ce n'est pas facile de
renoncer au tabac et à l'alcool. - (20) Son sens de l'humour
ne convient pas à tout le monde.

b) (1) Ça ne sert à rien de lui parler: elle n'écoute personne. -
(2) Avez-vous déjà songé à changer de métier? - (3) Il n'a pas
besoin de travailler. Il vit de ses rentes. - (4) J'aimerais
beaucoup aller aux Etats-Unis cet été, mais ça dépend de mes
parents. - (5) C'est un livre très important, qui traite des
conséquences de la deuxième guerre mondiale. -
(6) Beaucoup de gens croient aux fantômes, mais je dois
avouer que ce n'est pas mon cas. - (7) N'oublie pas de
téléphoner à Pierre et Françoise pour les féliciter de leur
mariage. - (8) J'ai essayé de l'emmener avec moi au cinéma
et au théâtre, et je lui ai prêté des livres, mais en fait elle ne
s'intéresse à rien. - (9) Elle m'a téléphoné hier pour me

remercier de l'avoir aidée. - **(10)** Elle me parle de son mari très souvent mais je ne l'ai jamais vu.

c) **(1)** Elle a conseillé à sa soeur d'aller voir un avocat. -**(2)** Je lui ai proposé de passer un week-end avec nous. - **(3)** Elle me dit toujours de conduire moins vite. - **(4)** Il a préféré cacher sa maladie à sa famille. - **(5)** Cette année, nos moyens ne nous ont pas permis de partir en vacances. - **(6)** Le docteur m'a défendu de boire du vin et de manger de la viande rouge. - **(7)** J'ai emprunté leur voiture à mes parents pour le week-end. - **(8)** Le gouvernement a ordonné aux grévistes de reprendre le travail. - **(9)** J'ai promis à ma fille de l'emmener au cirque. - **(10)** On dit qu'il a pris de l'argent à son employeur pendant plusieurs annés.

7 Prepositions

a) **(1)** Je te retrouverai à l'arrêt d'autobus à huit heures. - **(2)** Il
paraît qu'elle retourne en France trois fois par an. - **(3)** Elle a
passé un an à Paris dans une famille française. - **(4)** Je préfère
voyager en avion: c'est plus rapide! - **(5)** Dans les cinémas
français, il est interdit de fumer. - **(6)** Nous faisons du
camping plutôt que de descendre à l'hôtel: c'est moins cher. -
(7) En France, il n'est pas nécessaire de se déplacer pour aller
chez le docteur: le docteur vient vous voir chez vous. -
(8) Si ça vous arrange, je vous prête ma voiture jusqu'à la
semaine prochaine. - **(9)** En principe, il devrait arriver dans
deux heures. - **(10)** Il fait régulièrement du deux cent à
l'heure avec sa voiture de sport, et un jour il a fait Paris-Lyon
en moins de trois heures. - **(11)** Ils ont déménagé: maintenant,
ils habitent à la campagne à quelques kilomètres de Caen, en
Normandie. - **(12)** En quelle année est-ce que vous êtes allé
en vacances avec les Legrand en France?

b) **(1)** Elle habite en France depuis cinq ans. - **(2)** Ils ont
séjourné chez nous pendant six semaines. - **(3)** Elle va en
Amérique pour trois mois cet été. - **(4)** Il est très content de sa
nouvelle voiture. - **(5)** Leur salle de séjour est très grande:
elle est longue de dix mètres et large de cinq mètres. -**(6)**
Ajoutez une cuillerée à soupe de lait. - **(7)** J'ai vu entrer une
fille aux yeux bleus et à lunettes. - **(8)** Il y avait beaucoup de
monde / gens dans l'autobus ce matin. - **(9)** Il n'y a rien
d'intéressant dans les journaux aujourd'hui. - **(10)** Je ne
trouve pas les cuillères à thé. - **(11)** C'est l'homme le plus
célèbre de France en ce moment. - **(12)** Je pensais qu'il était
déjà dix heures: ma montre avance de dix minutes. -
(13) Je ne l'ai jamais vu au cinéma mais je l'ai vu l'autre jour
à la télévision. - **(14)** Je ne l'ai pas vue depuis la semaine
dernière. - **(15)** On dit qu'un enfant sur cinq ne sait pas lire. -

(16) Ne reste pas trop longtemps au soleil! - **(17)** Je suis toujours très contente de la voir; c'est pour ça que je l'ai invitée. - **(18)** Je parle en tant que père. - **(19)** Je vis dans la même maison depuis vingt ans. - **(20)** A mon avis, elle devrait prendre des vacances.

c) **(1)** Elle habite au troisième étage. - **(2)** J'ai acheté une voiture d'occasion à mon frère, pour l'aider dans ses affaires. - **(3)** Malgré le mauvais temps, la foule est venue accueillir la vedette à l'aéroport. - **(4)** Elle a peur de conduire depuis son accident. - **(5)** Auprès des exploits des champions d'autrefois, ce record n'a vraiment rien d'extraordinaire. - **(6)** Elle a eu une réaction difficile à expliquer. - **(7)** C'est un homme passionnant, et je suis vraiment content de l'avoir rencontré. - **(8)** Je ne me couche jamais avant minuit: je n'arrive pas à m'endormir tôt. - **(9)** Il est plus prudent de vérifier les pneus avant de prendre la route. - **(10)** Après avoir vu la pièce, j'ai eu envie de visiter les Etats-Unis. - **(11)** Elle a pris un carnet dans sa poche et elle a noté le numéro de téléphone. - **(12)** Le vin est meilleur si on le boit dans les verres qui conviennent. - **(13)** Au cinéma, j'étais assise derrière quelqu'un de très grand et je n'ai rien vu. - **(14)** Je conduis depuis près de quinze ans, et jusqu'ici je n'ai jamais eu d'accident. - **(15)** Selon son père, elle est beaucoup trop jeune pour sortir le soir. - **(16)** Je suis très fâché contre elle, car elle m'a parlé sur un ton très désagréable. - **(17)** Les impôts sur le revenu ont baissé sous le gouvernement conservateur. - **(18)** L'accident a eu lieu sous mes yeux, et malheureusement je n'ai rien pu faire. - **(19)** Il a environ soixante-dix ans, mais il continue à faire beaucoup de sport et à courir le marathon. - **(20)** J'ai un comprimé à prendre quatre fois par jour.

d) **(1)** She lives on the third floor. - **(2)** I bought a second-hand car from my brother, to help him with his business. - **(3)** In spite of the bad weather, the crowd came to welcome the star at the airport. - **(4)** Since her accident, she has been afraid of driving. - **(5)** Next to the feats of champions in the past, this record really is nothing out of the ordinary. -**(6)** Her reaction was difficult to explain. - **(7)** He is a fascinating man, and I am really pleased to have met him. - **(8)** I never go to bed until midnight: I can't go to sleep early. - **(9)** It is safer to check the tyres before setting off in the car. - **(10)** After seeing the play, I felt like visiting the United States. - **(11)** She took a notebook out of her pocket and took the phone number down. - **(12)** Wine is better if drunk in the right glasses. - **(13)** At the cinema I was sitting behind someone very tall and I did not see anything. - **(14)** I have been driving for nearly fifteen years, and until now I have never had an accident. - **(15)** According to her father, she is much too young to go out at night. - **(16)** I am very angry with her, for / because she spoke to me in a very unpleasant way. - **(17)** Income tax went down under the Conservatives. - **(18)** The accident happened under my eyes, and unfortunately I was not able to do anything. - **(19)** He is about seventy, but he continues to play a lot of sport and to run the marathon. - **(20)** I have to take a pill four times a day.

8 Conjunctions

a) (1) Elle ne parle pas beaucoup, car elle est très timide. -
(2) Elle a la grippe, mais elle va travailler quand même. -
(3) Les Legrand ont été cambriolés dans la nuit. Or, on a vu
un individu suspect près de la maison hier soir. - **(4)** Je ne la
connais pas très bien. Toutefois, j'ai l'impression qu'elle est
très intelligente. - **(5)** Elle n'avait pas l'air très enthousiaste,
aussi n'ai-je pas insisté. - **(6)** Ni ses parents ni ses amis n'ont
réussi à la convaincre. - **(7)** Vous pouvez payer soit par
chèque, soit avec la carte bleue. - **(8)** Elle se reposait, alors je
n'ai pas voulu la déranger. - **(9)** Il ne peut y avoir que deux
raisons à son silence: ou elle est malade, ou elle ne souhaite
pas nous revoir. - **(10)** Elle s'est perdue en route. Pourtant, je
lui avais donné des indications très précises.

b) (1) Depuis que ce programme a commencé il y a trois
semaines, les indices d'écoute n'ont cessé d'augmenter. -
(2) Ils vont attendre jusqu'à ce qu'il ait passé tous ses
examens pour se marier. - **(3)** Téléphone-moi aussitôt que tu
auras de ses nouvelles. - **(4)** Bien qu'il ait beaucoup de
diplômes, il n'arrive pas à trouver du travail. - **(5)** Le
gouvernement va adopter de nouvelles mesures pour que le
chômage diminue - **(6)** Demain, nous irons passer la journée
à la campagne, pourvu qu'il ne pleuve pas. - **(7)** Je préfère ne
pas l'inviter de peur qu'elle ne refuse. - **(8)** Il m'a dit qu'il
allait faire son possible pour nous aider. - **(9)** Son frère est
encore plus intelligent qu'elle. - **(10)** N'arrivez pas trop tard,
de sorte que nous ayons tout notre temps pour visiter
l'exposition.

9 Numbers and Quantity

a) quatre quatorze quinze quarante cinquante dix-sept dix-neuf soixante et onze soixante-treize soixante-dix-neuf quatre-vingt(s) quatre-vingt-quinze quatre-vingt-dix-neuf cent un cent vingt cent vingt-trois cinq cents mille trois cent douze cent mille sept cent quatre-vingt-neuf mille cinq cents

b) **(1)** C'est la première fois que je le vois. - **(2)** Nous allons partir en France le cinquième jour des vacances. - **(3)** Nous avons organisé une petite fête: c'est son soixantième anniversaire. - **(4)** C'est le printemps! Les premières fleurs sont apparues dans le jardin. - **(5)** Ils se sont mariés en 1968: c'est leur vingt-sixième anniversaire de mariage. - **(6)** L'année dernière, on a fêté la millième représentation de la pièce. - **(7)** Le supermarché a offert des vacances gratuites à sa centième cliente. - **(8)** C'est sa deuxième crise cardiaque: il devrait faire attention! - **(9)** C'est à Cannes, dans le Midi de la France, que se sont tenues les quarante et unièmes Rencontres Cinématographiques. - **(10)** Il s'est marié tard: il était dans sa trente-neuvième anné.

c) **(1)** deux tiers - **(2)** trois dixièmes - **(3)** un vingtième - **(4)** un demi - **(5)** trois virgule cinq - **(6)** dix virgule quatre - **(7)** treize plus sept - **(8)** neuf multiplié par quatre - **(9)** quarante huit divisé par huit - **(10)** neuf huitièmes

d) **(1)** Au milieu, le lac a près de quatre mètres de profondeur. - **(2)** La salle de séjour fait trois mètres de haut et vingt mètres de long./est haute de trois mètres et longue de vingt mètres. - **(3)** Cette planche a trois centimètres d'épaisseur. - **(4)** Nous ne sommes pas loin de mon école. Nous n'avons pas besoin de / Ce n'est pas la peine de prendre la voiture. -

(5) Notre maison est à deux kilomètres et demi du centre-ville. - **(6)** Son cadeau m'a coûté deux cent francs. -
(7) Combien as-tu payé ces chaussures? - **(8)** J'au vu des fraises sur le marché, mais elles coûtent treize francs le kilo. Les melons coûtent quatre francs cinquante (la) pièce. -
(9) A combien reviennent toutes ces choses? / Ça revient à combien, tout ça? - **(10)** En Angleterre, le bon vin coûte au moins trois livres la bouteille.

e) **(1)** J'habite cette région depuis 10 ans, mais je n'ai jamais vu autant de neige! - **(2)** Depuis quelques mois, je n'ai plus le temps de sortir ou de voir mes amis: j'ai trop de travail. -
(3) La plupart des enfants aiment le chocolat et les bonbons. -
(4) Si vous voulez vivre longtemps, il vaut mieux manger peu de beurre ou de crème, et ne pas boire trop de vin. - **(5)** La plupart du temps, je prends ma voiture pour aller travailler. -
(6) J'ai acheté une paire de chaussures hier mais malheureusement elles sont trop petites. - **(7)** Voulez-vous une tasse de café avant de partir? - **(8)** J'aime le vin, mais j'en bois peu. - **(9)** Combien de chocolats est-ce qu'elle a mangé? Elle en a mangé une douzaine. - **(10)** J'ai gagné beaucoup d'argent dans ma vie, mais j'en ai aussi beaucoup dépensé.

10 Expressions of Time

a) **(1)** Il est une heure du matin. - **(2)** Il est deux heures et quart du matin. - **(3)** Il est midi moins dix. - **(4)** Il est / trois heures trente-sept de l'après-midi. / quatre heures moins vingt-trois minutes de l'après-midi. - **(5)** Il est midi et six minutes. - **(6)** Il est minuit moins le quart. - **(7)** Il est minuit vingt-cinq. - **(8)** Il est quatre heures et demie du matin. - **(9)** Il est huit heures vingt-cinq du soir. - **(10)** Il est / neuf heures quarante du soir. / dix heures moins vingt du soir.

b) **(1)** Il est vingt heures treize. - **(2)** Il est quatorze heures trente. - **(3)** Il est vingt-trois heures deux. - **(4)** Il est dix-sept heures quinze. - **(5)** Il est dix-huit heures dix-huit. - **(6)** Il est vingt-deux heures dix-neuf. -**(7)** Il est six heures vingt-cinq. - **(8)** Il est quinze heures quarante. - **(9)** Il est vingt et une heures cinquante-huit. - **(10)** Il est treize heures cinq.

c) **(1)** Son anniversaire est le seize mars. - **(2)** Il est né le vingt-trois avril mil neuf cent quarante-huit. - **(3)** Je suis arrivée en France le deux octobre mil neuf cent soixante-douze. - **(4)** L'année scolaire commence le cinq septembre. - **(5)** Le traité a été signé le premier février mil six cent quatre-vingt-dix-huit. - **(6)** Le trente et un décembre, en France, on célèbre le Réveillon du Jour de l'An. - **(7)** Il a eu cinquante ans le vingt-six juin. - **(8)** L'Armistice a été déclaré le onze novembre mil neuf cent dix-huit. - **(9)** Le vingt-cinq décembre, toute la famille vient déjeuner à la maison. - **(10)** Le quatorze juillet, c'est la Fête Nationale en France.

d) **(1)** J'ai passé la journée à écrire des lettres. - **(2)** Nous avons passé une excellente soirée au théâtre hier soir. - **(3)** Je passerai te voir dans la matinée, je ne sais pas à quelle heure exactement. - **(4)** Je suis arrivé en retard, et j'ai manqué le début du concert. - **(5)** Lundi soir, je me suis couché très tard. Le lendemain, je ne me suis pas réveillé pour aller travailler. - **(6)** Il faudra arriver à la gare à cinq heures et quart au plus tard, si nous ne voulons pas rater le train. - **(7)** Il y a quinze jours, je suis tombée dans l'escalier. Depuis, j'ai mal à la cheville quand je marche. - **(8)** Il est une heure passée et il n'est toujours pas là. Je me demande ce qui lui est arrivé. - **(9)** Elle passe son temps à lire des magazines au lieu de faire ses devoirs. - **(10)** Dans les année soixante, j'étais étudiante à Paris. Toute cela semble très loin maintenant.

11 The Sentence

a) **(1)** Nous avons décidé d'acheter la maison dont je t'ai / t'avais parlé. - **(2)** A peine avais-je posé mon sac que le téléphone a sonné. - **(3)** Il ne parle pas du tout français, aussi était-il / est-il très content de notre aide. - **(4)** Peut-être allons-nous déménager cet été. - **(5)** C'est un pays dont le passé est très riche. - **(6)** J'ai une amie dont les parents ont acheté une maison dans le sud de la France. - **(7)** Le nombre d'accidents de la route diminue / a diminué, affirme / a affirmé le Ministre des Transports. - **(8)** L'année dernière, quand j'étais en vacances en Espagne, j'ai acheté un très beau sac en cuir. - **(9)** J'ai perdu le bracelet en argent que mon mari m'a / m'avait donné pour mon anniversaire. - **(10)** J'avais des vieux disques de jazz mais je les leur ai vendus quand nous avons déménagé.

b) **(1)** Elle a changé de quartier: elle n'habite plus près de l'Opéra depuis septembre dernier. - **(2)** J'essaie de la contacter depuis quinze jours mais elle ne répond jamais au téléphone. - **(3)** Pas étonnant qu'elle soit si maigre: elle ne mange rien, ou presque. - **(4)** Avant son accident, elle voyageait beaucoup, mais maintenant elle ne va nulle part. - **(5)** Pour le moment, nous venons d'arriver dans la région et nous ne connaissons personne. - **(6)** Je l'ai rencontrée une ou deux fois et je ne la trouve guère sympathique. - **(7)** Elle n'a que seize ans mais elle est déjà excellente musicienne. - **(8)** Mon mari voudrait aller travailler à l'étranger mais je n'ai vraiment aucune envie de quitter la France. - **(9)** Je n'ai ni le temps ni l'argent nécessaire pour apprendre à jouer au golf. - **(10)** Ne me demande pas de te prêter de l'argent: je n'en ai pas!

c) **(1)** Moi, je n'ai jamais visité Paris. - **(2)** Ils ne sont pas encore rentrés des Etats-Unis. - **(3)** Personne n'a téléphoné aujourd'hui. - (4) Je n'ai eu aucun problème. - (5) J'aimerais mieux ne pas le savoir. - (6) Finalement, j'ai décidé de ne jamais plus retourner là-bas. - (7) Je ne la lui ai pas donnée. - (8) Il n'y a personne chez eux à cette heure-ci. - (9) Elle n'en a acheté aucune. - (10) Je ne vois plus personne.

d) (1) Le film t'a plu? / Tu as aimé le film? — Pas beaucoup. - (2) Elle, elle y va, mais pas moi. - (3) Il ne parle jamais à personne. - (4) Nous n'y sommes jamais retournés. - (5) Je ne les ai plus jamais revus ni lui ni sa soeur. / Je ne l'ai plus jamais revu et sa soeur non plus. - (6) Je ne bois jamais de vin au déjeuner. / à déjeuner. - (7) Beaucoup d'enfants ne mangent jamais que des hamburgers et des frites. - (8) La semaine de travail de quatre jours? Pas une idée très originale! - (9) Je n'ai pas compris ce qu'il a dit, et vous? — Non, moi non plus. - (10) Lui, il est heureux de vivre à la campagne, mais pas moi.

e) (1) L'avion arrive / atterrit à quelle heure? A quelle heure est-ce que l'avion atterrit? A quelle heure l'avion atterrit-il? - (2) Qu'est-ce que tu as? / vous avez? - (3) Vous avez bien mangé? Est-ce que vous avez bien mangé? Avez-vous bien mangé? - (4) Marie est là? Est-ce que Marie est là? Marie est-elle là? - (5) Tu es sortie hier soir? Est-ce que tu es sortie hier soir? Es-tu sortie hier soir? - (6) Vous allez / retournez souvent en France? Est-ce que vous allez / retournez souvent en France? Allez / Retournez-vous souvent en France? - (7) Tu es revenu comment hier soir? Comment est-ce que tu es revenu hier soir? Comment es-tu revenu hier soir? - (8) Vous êtes arrivé/e/s / vous êtes rentré/e/s quand? Quand est-ce que vous êtes arrivés / rentrés? Quand êtes -vous arrivés / rentrés? - (9) Tu as lu ce livre? Est-ce que tu as lu ce livre? As-tu lu ce livre? - (10) Vous connaissez Hélène? Est-ce que vous connaissez Hélène? Connaissez-vous Hélène?

f) **(1)** Je ne sais pas pourquoi il n'est jamais revenu! - **(2)** Dis-leur qu'ils doivent se dépêcher! - **(3)** Je me demande pourquoi les trains ont autont de retard! - **(4)** Montre-lui où l'autobus s'arrête! - **(5)** Explique-moi comment on téléphone à l'étranger! - **(6)** Dites-moi où vous avez rangé mes livres! - **(7)** Je ne comprends vraiment pas comment il a fait pour se casser une jambe! - **(8)** Rappelez-moi quand vous avez acheté la maison. - **(9)** Je ne sais pas à quelle heure part le bateau. - **(10)** Expliquez-moi pourquoi vous avez changé d'avis si brusquement.

g) **(1)** You were very tired, weren't you? - **(2)** It's delicious, isn't it? - **(3)** You will phone, won't you? - **(4)** She wanted to come home, didn't she? - **(5)** Do you have a brother? — Yes, I do. - **(6)** Have you heard of Gérard Depardieu? — Of course, I have. - **(7)** Did you enjoy yourselves? — No, not at all. - **(8)** Will you come and see us next Summer? — I hope so. - **(9)** Does he speak French? — I don't think so. - **(10)** He is a teacher. — So is she.

12 Translation Problems

a) **(1)** La société anglaise doit faire face aux problèmes d'aujourd'hui. - **(2)** Je préfère les vacances à l'étranger. - **(3)** Les prix augmentent tous les ans. - **(4)** Les enfants ne respectent pas les professeurs autant qu'autrefois. - **(5)** A l'école, je préfère l'histoire et les maths. - **(6)** Est-ce qu'ils ont de beaux enfants? - **(7)** Vous buvez du vin? — Non, je déteste le vin. - **(8)** J'adorerais boire du Champagne, mais le Champagne est très cher. - **(9)** La reine Cléopâtre était très belle. - **(10)** L'alcool et la maladie sont les causes de nombreuses morts dans cette partie du monde.

b) **(1)** De nos jours, les enfants obéissent rarement à leurs parents. - **(2)** Je lui écris, mais il ne répond jamais à mes lettres. - **(3)** J'ai vu les Legrand hier: le fils resemble beaucoup à son père. - **(4)** Elle joue au tennis régulièrement: c'est pour ça qu'elle est si mince. - **(5)** Il joue du violon depuis l'âge de 5 ans. - **(6)** Il est dangereux de se fier aux apparences. Elles sont souvent trompeuses. - **(7)** Je préfère téléphoner à ma famille et mes amis: je n'ai pas le temps d'écrire des lettres. - **(8)** Le docteur m'a prévenu: si je ne renonce pas à fumer, je ne vivrai pas longtemps. - **(9)** Il est très difficile pour les enfants de résister à la publicité, surtout à la télévision. - **(10)** Il te l'a dit? - **(11)** Oui, je le sais depuis longtemps. - **(12)** Quand j'ai besoin d'argent, j'en emprunte à ma soeur. Elle est très généreuse! - **(13)** Je ne peux rien cacher à mes parents: ils devinent tout! - **(14)** Demandez des renseignements à cet agent de police. - **(15)** Autrefois, les femmes se brossaient les cheveux cent fois matin et soir. - **(16)** Cette lumière est trop forte: elle me fait mal aux yeux. - **(17)** J'achète toujours des fleurs à ce fleuriste: ses roses sont magnifiques. - **(18)** Jn ne peux plus faire de ski depuis que je me suis cassé la jambe il y a trois ans. - **(19)** J'ai vu un documentaire sur le transport des animaux qui a ôté le goût de manger de la viande à beaucoup de spectateurs. - **(20)** C'est un plaisir de la rencontrer: elle a toujours le sourire aux lèvres.

c) **(1)** Je crois qu'elle viendra demain. - **(2)** C'est l'homme que j'ai vu hier à ce dîner dont je t'ai parlé. - **(3)** Tu as vu la robe que j'ai achetée samedi? - **(4)** Je croyais que tu voulais rester à la maison. - **(5)** J'espère que tu vas bien. - **(6)** Elle a dit qu'elle écrirait. - **(7)** Je suis sûr que tu te débrouilleras. - **(8)** Le repas que nous avons mangé hier était délicieux. - **(9)** Tu sais qu'elle ne reviendra pas, je suppose? - **(10)** C'est ce manteau-là que je veux.

d) **(1)** C'était un voyage très fatigant. - **(2)** Je les ai entendus rire et s'amuser. - **(3)** Vous ne devriez pas juger sans connaître la vérité. - **(4)** Arrêtez de vous inquiéter. - **(5)** Je n'aime pas beaucoup danser. - **(6)** Nous aimons aller au théâtre. - **(7)** Je n'ai pas l'habitude de nager quand il fait aussi froid. - **(8)** J'ai l'intention de continuer à travailler aussi longtemps que possible. - **(9)** Ce n'est pas une très bonne idée que de boire quand on conduit. - **(10)** J'ai fini par y aller à pied. - **(11)** Elle n'a pas fini de parler. - **(12)** Il a salué ses invités en souriant. - **(13)** Je l'ai regardé / faire marche arrière et rentrer dans le mur. / rentrer dans le mur en marche arrière. - **(14)** Je m'habitue à voyager, bien que ce soit très fatigant. - **(15)** Travailler tout en élevant des enfants demande beaucoup d'énergie et d'organisation. - **(16)** La course de voitures est un sport dangereux. - **(17)** Ça ne sert à rien de vous plaindre: vous devriez / être plus prudent. / faire davantage attention. - **(18)** Ça te dit / Ça te plairait / de dîner au restaurant ce soir? - **(19)** Vérifiez vos pneus avant de partir en voiture. - **(20)** Ça ne m'intéresse pas vraiment de travailler dans une banque.

e) **(1)** J'entends les enfants jouer. - **(2)** Je préfère écouter de la musique classique. - **(3)** Ils savent nager depuis trois ans: c'est leur père qui leur a appris. - **(4)** J'ai beaucoup de mal à me réveiller le matin. - **(5)** Le samedi, en général, je vais danser. - **(6)** J'ai cherché partout mon stylo mais je ne le trouve pas. - **(7)** Je lui ai écrit plusieurs fois mais il ne répond jamais à mes lettres. - **(8)** J'espère une augmentation le mois prochain. - **(9)** Les transports marchent très mal: en général j'attends l'autobus pendant au moins une demi-heure tous les soirs. - **(10)** J'ai de la chance: j'habite à trois kilomètres seulement du bureau.

f) **(1)** J'ai rencontré sa femme récemment. Elle est très belle. - **(2)** Il a beaucoup de succès auprès des électeurs, et surtout des électrices. C'est un très bel homme. - **(3)** Il inspire confiance à ses malades. C'est un très bon médecin. - **(4)** J'adore me promener dans les villes la nuit: c'est beau! - **(5)** Il est trop tard pour changer d'avis: il faut partir. - **(6)** Pierre nous a invités dans sa maison de campagne pour les vacances: c'est génial! - **(7)** En ce moment j'essaie de trouver du travail: c'est difficile! - **(8)** J'adore Paris: c'est une belle ville! - **(9)** Il est facile de trouver un appartement à Paris si on a de l'argent. - **(10)** Le français, c'est une langue relativement facile à apprendre.

g) **(1)** Je l'ai vu hier: elle va beaucoup mieux maintenant. - **(2)** Ouvre la fenêtre: il fait trop chaud. - **(3)** Je ne crois pas que le beau temps va durer: il y a des nuages. - **(4)** Il veut absolument l'épouser, mais à mon avis il a tort. - **(5)** Elle m'assure qu'il n'y a aucun danger, mais j'ai peur qu'elle ne se trompe. - **(6)** Elle a fait beaucoup de bêtises récemment, et maintenant elle a honte. - **(7)** De nos jours, les jeunes veulent profiter de la vie au maximum, et je trouve qu'ils ont bien raison. - **(8)** Elle a presque 40 ans, mais elle n'en paraît que 25 ou 30. - **(9)** J'adorerais habiter dans le Midi de la France, car il y fait toujours beau. - **(10)** C'est le temps idéal pour faire de la voile: il fait du soleil et il y a du vent.

h) (1) I have been living in England for 12 months. - **(2)** She was crossing the road when the accident happened. - **(3)** I wasn't feeling very well yesterday. - **(4)** At the moment she is working in a school. - **(5)** I think he is having problems finding a new job. - **(6)** I'm trying very hard to finish this job as quickly as possible. - **(7)** She's being asked to make sacrifices, and she doesn't like it. - **(8)** Are you calling me a liar? - **(9)** Where will you be spending your holidays this year? - **(10)** We are hoping to go to America next Summer.

i) (1) Je n'ai pas d'argent. - **(2)** Elle ne veut pas de salade. - **(3)** Il n'aime personne. - **(4)** Je n'en veux pas. - **(5)** Il ne lui en reste pas. - **(6)** Vous en avez? - **(7)** Vous en connaissez? - **(8)** Vous voulez du vin? - **(9)** Vous avez besoin d'aide? - **(10)** Vous avez pris de la soupe? - **(11)** Je prendrai n'importe lequel/laquelle, ça m'est égal. - **(12)** Achetez n'importe quelle paire de chaussures, elles sont toutes en solde. - **(13)** N'importe quelle mère comprendra ce que je veux dire. - **(14)** Vous pouvez me téléphoner n'importe quel jour. Je serai là. - **(15)** On ne peut faire confiance à personne, de nos jours. - **(16)** J'irai n'importe où, ça m'est égal. - **(17)** N'importe qui peut faire le concours. - **(18)** Elle ne va jamais nulle part sans son chien. - **(19)** J'ai vu entrer quelqu'un, mais personne n'est sorti. - **(20)** Je ferai tout pour l'aider.

j) (1) Elle n'a rien acheté. - **(2)** Je n'ai téléphoné à personne. - **(3)** Elle n'a pas gagné d'argent. - **(4)** Ils n'ont pas de temps libre. - **(5)** Personne ne m'a contacté hier à ce sujet. - **(6)** Il n'a rien fait pour réussir. - **(7)** Ils ne mangent jamais de bonbons. - **(8)** C'est simple: elle se plaît partout. - **(9)** Elle n'est pas très sociable: elle ne parle à personne. - **(10)** Elle ne joue plus de violon.

k) **(1)** Je ne trouve pas mon stylo. Tu peux me prêter le tien? -
(2) J'aime beaucoup vos photos de vacances. Les nôtres ne
sont pas aussi réussies. - **(3)** Si seulement mes enfants
travaillaient bien à l'école, comme les tiens! - **(4)** Nous avons
acheté notre voiture il y a cinq ans. Depuis combien de temps
avez-vous la vôtre? - **(5)** Il s'occupe de ses enfants comme si
c'était les siens. - **(6)** Ma robe vient d'un grand magasin.
Anne a fait faire la sienne. - **(7)** Monsieur, Je vous remercie
de votre lettre du 2 avril. - **(8)** J'ai acheté deux gâteaux: un
pour toi, et un pour moi. - **(9)** Vous devriez vous dépêcher!
Votre train part dans cinq minutes et il faut prendre vos
billets! - **(10)** Vous avez de la chance: vous vous entendez
tellement bien, toi et ton frère.

l) **(1)** Ces chaises de jardin sont très confortables. - **(2)** Il va y
avoir une tempête de neige. - **(3)** Ce sont les films de guerre
qu'il aime le mieux. - **(4)** Vous avez visité le Palais de
Buckingham? - **(5)** Je crois que c'est le plus grand magasin
de jouets de Londres. - **(6)** Les amis de mes parents viennent
ce week-end. - **(7)** J'écoute souvent les disques de mon frère
quand il n'est pas là. - **(8)** Nous allons dîner chez les Dubois
ce soir. - **(9)** Où est le journal d'hier? - **(10)** Il faut que j'aille
chez le pharmacien avant six heures. - **(11)** Je vais souvent
chez elle. - **(12)** J'aime rester chez moi le dimanche. - **(13)**
J'adore lire les journaux du dimanche au lit. - **(14)** La mère
d'une amie de ma mère va me vendre sa voiture. - **(15)** Si
j'avais beaucoup d'argent, j'achèterais un cheval de course. -
(16) Elle passe la nuit chez une amie. - **(17)** Ferme la porte du
garage! - **(18)** J'étais chez ma grand'mère quand il a
téléphoné / appelé. - **(19)** J'ai trouvé cet article de journal
dans le bureau de John. - **(20)** La mode de cette année ne me
va pas du tout.

m) **(1)** J'étais très fatiguée hier après être rentrée du travail. -
(2) Il était vraiment de bonne humeur après avoir reçu sa
lettre.- **(3)** Je ne l'ai pas vue depuis au moins dix ans. Je

regrette vraiment de l'avoir manquée. - **(4)** Brigitte a
téléphoné ce matin pour nous remercier de l'avoir invitée. -
(5) Je ne me souviens pas du tout de l'avoir rencontrée. -
(6) Après avoir passé son baccalauréat, elle a l'intention de
voyager à l'étranger pendant quelques mois. - **(7)** Après s'être
cassé la jambe dans un accident de ski, elle a complètement
arrêté de faire du sport. - **(8)** Après nous être consultés, nous
avons pris la décision de ne pas donner suite à sa demande. -
(9) Après lui avoir parlé pendant plus d'une heure, j'espère
bien l'avoir convaincue de prendre des vacances. - **(10)** Ils se
sont excusés de nous avoir dérangés et ils sont partis tout de
suite après.

n) **(1)** I was very tired yesterday after coming back from work. -
(2) He was in a really good mood after receiving his/her
letter. - **(3)** I haven't seen her for at least ten years. I'm really
sorry to have missed her. - **(4)** Brigitte phoned this morning to
thank us for inviting her. - **(5)** I don't remember at all meeting
her. - **(6)** After taking her baccalauréat exam, she intends
travelling abroad for a few months. - **(7)** After breaking her
leg in a ski-ing accident, she has stopped practising sport
completely. - **(8)** After consulting each other, we have
decided not to fulfill his request. - **(9)** After talking to her for
over an hour, I firmly hope that I have convinced her to take a
holiday. - **(10)** They apologized for disturbing us, and they
left straight after.

Index